「正義」の嘘

戦後日本の真実は
なぜ歪められたか

Sakurai Yoshiko
櫻井よしこ

Hanada Kaszuyoshi
花田紀凱

産経セレクト

S-004

何が戦後日本を一国平和主義に閉じ込めてきたか――はじめに

櫻井よしこ

世界の秩序が大きく変化するいまこそ、ジャーナリズムの役割が重要になる。世界で何が起きているかを多角的かつ多層的に伝え、世界のよりよい在り方に貢献することが出来る。こんな大変化の時代にジャーナリストとして仕事をし、世界の息吹を感じ、報ずることで、人や社会、さらには国家を新しい地平へと誘う力になれるのは、本当に幸せというものである。

ジャーナリストにとって働き時である現在はしかし、日本にとっては課題山積の時でもある。周知のように、中国は二〇一五年の今年を戦後七〇年という枠組みでとらえて、第二次世界大戦によって創られた世界秩序を再確認し、そのまま維持すること、即ち、日本を物言えぬ敗戦国の立場に置き続けることを大目標としている。

中国は諸国の中でもとりわけ日本に厳しい視線を向けている。日本を当面の最大の敵と位置づけていると言って過言ではない。中国の狙いは日本を孤立化させ、弱体化させることだ。そのために彼らが最大限に利用しているのが歴史問題である。

中国は主張する。かつて日本はファシスト国家であった。中国とアメリカは手を携えて敵国日本と戦った同志の国なのだ、と。中国と米国の共通の敵だった日本は、過去の戦争で残虐非道な犯罪行為を国ぐるみで行った。具体例として慰安婦問題、「南京大虐殺」問題、労働者の強制連行問題などがあると、中国は繰り返す。

いずれも根拠を欠く一方的な非難であり、日本にとっては言いがかりである。だからこそ、首相に返り咲いた安倍晋三氏の下で、日本はようやく長年の沈黙を破って発言し始めた。しかし、日本側が事実関係を整理して、中国側の主張に反論を加えようとするや否や、彼らは「日本は反省しない国だ」「日本は歴史修正主義だ」と、頭から決めつける。謝罪以外の言葉を日本が発信すれば、中国は極めつけの激しい言葉を突きつけて日本の発言を封じようとする。韓国も同様である。

この局面で情報を伝えるジャーナリズムの働きがとりわけ重要になる。ジャーナリストは中国や韓国から発信される情報だけでなく、日本の情報も十分に伝えなければならない。事柄についての全体像を読者に提示するために目配りが欠かせない。扱っている事柄に関しての歴史的経緯も十分に掘り下げなければならない。加えて国際社会の複雑な情勢の中で、その事柄がどういう意味をもっているかという視点と問題意識をもったうえで、報じるのが望ましい。

日本のジャーナリズム、とりわけ日本を代表するメディアと見られがちな朝日新聞はそのような配慮の上に報道してきただろうか。ジャーナリズムの基本としての、全体像を伝える公正さ、それを担保する手順を踏んできただろうか。私は深く疑うものである。

本書、『「正義」の嘘　戦後日本の真実はなぜ歪められたか』は、「言論テレビ」が配信するインターネット番組、『君の一歩が朝《あした》を変える!』、『花田編集長の右向け右!』を舞台に展開した討論が土台になっている。二つの番組は、私と、雑誌『WiLL』編集長の花田紀凱《かずよし》氏が、ゲストを迎える形で展開された。本書に登場するのは、日本とドイツの戦後を比較し、その違いを喝破する西尾幹二《かんじ》氏、元自衛官で現在は軍事ジャーナリストの潮匡人《うしおまさと》氏、ネット言論と若者を中心に分析する古谷経衡《つねひら》氏、「吉田調書」報道で最初に朝日に異を唱える論陣を独り張ったノンフィクション作家の門田隆将《りゅうしょう》氏、慰安婦問題の専門家で長年にわたり問題点を追及してきた西岡力《つとむ》氏、「河野談話」日韓合作のスクープを放った産経新聞の阿比留瑠比《あびるるい》氏である。

いずれもジャーナリズム、アカデミズムにおいて長年、経験と研究を重ねてきた論客で深い知識を備えた人々だ。その専門家の熱い議論は、巧まずして、全編殆《ほとん》どが朝日流ジャーナリズムへの批判論となった。

戦後の日本は世界でも稀《まれ》な一国平和主義の国として、安寧《あんねい》の眠りの中ですごしてきた。それはまともな普通の国として考え、行動する資格がわが国にはないのだと言わんばかりの怠惰《たいだ》な眠りだったと言ってよい。主張もせず、議論もせず、反論もしない国が日本だった。そのような卑屈な精神性の中に日本と日本国民を閉じ込めるのに大きな力を発揮したのがメディア、とりわけ良きにつけ悪しきにつけ日本のメディアを代表する「知性」と位置づけられてきた朝日新聞だった。

だが、朝日新聞への「信頼」が音をたてて崩れ始め、朝日の「知」の土台が腐蝕《ふしょく》し始めた。朝日の知的世界が静かに、しかし、着実に凋落《ちょうらく》のプロセスに入ったのが二〇一四年だった。二〇一四年八月、九月と、続けざまに、歴史問題で、さらには福島第一原発所長の吉田昌郎《まさお》氏の調書の報道で、「誤報」を認め、記事を取り消した。

そのうえで中途半端に謝罪した。

朝日新聞は戦後約七〇年間、一貫して、反体制側に立ち、国際問題では中国や朝鮮半島、時代によっては北朝鮮の側に立って報じてきた。朝日は左翼リベラリズムのイデオロギーに染まる余り、全体像への目配りと歴史の展開への洞察《どうさつ》を欠いた。結果として、明らかに偏った視点に立って報道し、それが誤報、虚報、捏造につながったのである。

本書では多くの問題の中で、慰安婦問題にかなりの頁を割《さ》いた。前述したように中国は今年を戦後から七〇年目の節目の一年として、日本を歴史問題で貶めていく戦略を実施中だ。その大きな柱が慰安婦問題である。慰安婦に関しては事実無根の強制連行説がいまや世界に広まっている。慰安婦の女性たちは「性奴隷」という、実態と懸け離れた名前で呼ばれるようにもなっている。こうした事態に朝日は重大な責任を負っている。本書に登場する論者たちが朝日問題に集中したのも当然である。

朝日新聞が戦後の日本をどのように歪めてきたか、そしていま私たちの眼前で進行する慰安婦に関する捏造物語の拡散にどれだけ深く関わってきたか、その詳細は本書で読んでいただきたい。ここでは本書では触れていない二つの重要な点を指摘しておきたい。

朝日新聞の慰安婦報道について、朝日新聞は第三者委員会を設置し、検証を依頼した。だが委員の中に、慰安婦問題の専門家は一人もおらず、公平に見て、その検証結果は極めて物足りない内容だった。

そこで京都大学名誉教授の中西輝政氏が委員長、西岡力氏が副委員長となって、民間の専門家が「独立検証委員会」を創り、独自の検証を行った。

検証委員会は二〇一五年二月一九日に報告書を発表した。それによると一九八五年から八九年まで、日本国内で報じられた慰安婦関連記事の七四%が朝日の報道だった。九〇年は七七%、九一年は六〇%である。

慰安婦問題について朝日が先頭を切って圧倒的な量の報道をしてきたこと、他社は朝日の報道に引っ張られるようにして慰安婦報道に入っていったことを窺《うかが》わせる数字である。言い換えれば偽りの慰安婦報道の真の推進役は朝日だったということが改めて示されたのである。

検証委員会が明らかにした第二点は米国の主要三紙、「ニューヨーク・タイムズ」、

「ワシントン・ポスト」、「ロサンゼルス・タイムズ」も朝日の報道に触発されて慰安婦を性奴隷として報じ始めたという点だ。時系列で追ってみるとその因果関係が明確に浮かび上がってくる。

本書でも詳しく論じた「日本軍関与」の記事は九二年一月一一日の朝日一面トップに掲載されたが、その直後から、右のアメリカの三紙による慰安婦報道が始まっているのである。二〇万人に上る慰安婦の強制連行、性奴隷としての扱い、その殆どの女性の殺害など、事実無根の情報を広げた元凶は、実に朝日発の一連の報道にあったのである。

しかし、こんなことを言えば興醒《きょうざ》めになるかもしれないが、実は、朝日問題は論じても論じても論じ尽くした気に正直言って、なれない。二〇一四年八月五、六の両日、朝日自ら慰安婦報道を検証し、一六本の記事を取り消すと発表したが、誤報、虚報、捏造で日本を貶めた当の朝日の人士から、自分たちは本当に間違っていた、日本国と日本国民の名誉を傷つける許されざる酷い報道をした、という反省の気持ちが伝わってこないからである。

たとえば、私は月刊誌『Ｗｉｌｌ』で、元朝日新聞編集委員の山田厚史氏と二度にわたって長時間の討論をした。フジテレビ（BS）の『プライムニュース』では、元朝日新聞主筆の若宮啓文《よしぶみ》氏と二時間にわたって討論した。

両氏は、いずれも、時折り朝日の報道の過《あやま》ちを認めながらも、基本的に朝日の報道は間違っていないと主張するのである。若宮氏は河野談話を高く評価し、「朝日新聞の書いたことは間違いではない」と繰り返した。


それでも、「言論テレビ」で行ってきた一連の報道や検証には、その他のメディアや言論人が行ってきた検証と共に、大きな意義があると思う。本書を読んで下されば明らかなように、朝日新聞がなぜ間違った報道をするのか、その病理についてはそれなりに解析出来たと思う。

一連の検証の成果の第一は、朝日の慰安婦報道は決して事実を反映していないという認識が日本国民の間に、改めて、広く強く共有されたことだ。いま日本に課せられている課題は世界に広まった誤解を解いていくことである。そのためにも、まず、日本人自身がこの点について共通認識をもつことが何よりも大事なのである。

成果の第二は、少数ではあるが、海外の日本研究者をはじめとする識者の中に、慰安婦に関する真実に気がつき始めた人々がいることだ。朝日新聞が「強制連行」から「強制性」へと論点のすり替えを行い、さらにいま「女性の人権問題」へと論点をずらしている事情は、海外の人々には中々理解してもらえない。それでも強制連行はなかったという慰安婦の実態に、ごく少数ではあるが気がつき始めた人々がいる。そのことが直《ただ》ちに日本に対する歴史非難を払拭してくれるかというと、決してそうではない。しかし、日本の不名誉を晴らすための小さな一歩であることは間違いないのである。

周知のように、中国は日本を貶める歴史戦を、アメリカを舞台にして展開中だ。朝日新聞は中国や韓国の主張に沿う報道をしてきたが、その朝日新聞の影響を受けていると思わざるを得ないのが、「ニューヨーク・タイムズ」、「ワシントン・ポスト」などアメリカのメディアである。この二紙が往々にして不条理なほど反日的で感情的な記事を掲載していることに、私は留意してきたのだが、もうひとつ奇妙なのが「ウォール・ストリート・ジャーナル」である。東京発の記事と社説の間に理解し難い程のギャップがあるのである。一言でいえば社説はまともだが、東京発の記事はなぜこれ程までに日本と安倍首相を悪しざまに報じるのかと訝《いぶか》るほど、内容が酷いのである。

こうした点を含めてアメリカの主要紙の日本報道についての検証は重要な課題ではあるが、今は脇に措《お》きたい。

ここで指摘したいのは、日本の私たちが検証しなくとも、すでにアメリカで常軌《じょうき》を逸《いっ》したかのような感情的反日記事が厳しく批判されているという事実である。朝日は社会からの批判と安倍政権による河野談話の検証によって、過去三〇年以上にわたる自社記事の過ちと虚報、そして朝日自身は否定するが、捏造としか言い様のない記事について、取り消しを発表し、釈明せざるを得なかった。米国においても余りに酷い日本非難の記事が、不当なレッテル貼りの偏向記事として、ニュースメディア研究機関である「メディア調査センター」によって実名で発表されたのである。

名指しされたのはニューヨーク・タイムズ東京支局長のマーティン・ファクラー記者の記事だった。同記者は慰安婦問題を捻じ曲げた朝日や植村隆元記者を擁護する立場から「日本の右翼が戦史を書き換え、（朝日）新聞を攻撃する」という見出しの記事を書いた。私はその内容の余りの偏向ぶりと「超国家主義者」「右翼」などという美しくない蔑《ののし》りの表現に驚き、『週刊新潮』の連載コラムで取り上げ、批判した。

「メディア調査センター」の発表によって、アメリカでも同様の問題意識が共有されていたことを嬉しい驚きとして受け止めた。洋の東西で、酷い報道は酷いと指摘する理性の声が存在していることは、何よりも心強い。

＊

二〇〇七年暮れにシンクタンク「国家基本問題研究所」を創設したのに続いて、私は有志の仲間と共に二〇一二年秋、インターネット放送会社、「言論テレビ」を創った。いずれも二一世紀の世界の中で、日本を取り巻く情勢はどのようになっているのかを全体的にとらえて、日本が国際社会で、日本らしいきちんとした位置を維持出来るようにという思いからだった。全体像を把握し、戦略的に考え、国際社会で不当に貶められたり、置いてけぼりを食うことの決してないように、真っ当な立派な国として、国際社会で誇りをもって生き続けることの出来るようにとの思いである。そのためにはきちんとした情報や知識を共有しておかなければならない。人の心さえしっかりしていれば、家庭も企業も国も大丈夫なのである。最後の決め手は人間、その人間の心なのである。

この思いをどのようにして伝えればよいのか。文字メディアも大事、シンクタンクも大事、そして、私にとって新たな領域ではあるが、インターネットの世界も非常に大事なのである。そう考えて挑戦したのが「言論テレビ」だった。

はじめの約一年がすぎて二年目に入ったところで、心強いパートナーに参加してもらった。花田紀凱氏である。「朝日とNHKと岩波をウォッチすること」が文藝春秋の存在理由だと喝破した池島信平氏の下で修業した、文春の名編集長だったのが花田氏である。

一緒に仕事をしてわかったのは、花田さんは私以上に新しいことへの大いなる挑戦者であることだった。超多忙にも拘《かかわ》らず、新しい可能性や好機の前で決して逡巡しない。感覚は鋭い。未知の人に会うのに、人見知りしない。新しい人脈の開拓も難なく普通のことのようにこなす。それでいて押しつけがましくない。むしろ、新しい出会いや展開の前で、一抹の含羞《がんしゆう》を漂わせる。基本的に、人間にも動物にも、優しいのである。

花田さんの中に私は、卑怯を憎む気持ちを感じる。言論人としての作法を守らない人々、或いは言論機関としての振る舞い方を弁《わきま》えない組織に対する憤りも感じ取る。

加えて、氏は、未来を見通すことの出来ない人間が時事問題について書くときに、決めつけをすることの恐ろしさと責任の重さも肝に銘じている人だ。私はそうした花田さんのジャーナリストとしての姿勢に大いに共感するものである。

基本的な価値観の部分で信頼出来る花田さんとタッグを組めたことに私は深く感謝している。

今回、その花田さんとはじめて著書を出すことになった。論客として参加して下さった西尾幹二氏、潮匡人氏、古谷経衡氏、門田隆将氏、西岡力氏、阿比留瑠比氏にも、本当に心よりお礼を申し上げたい。

本書を手に取って下さる皆さんにとって本書が日本のこれからの在り方を考えるのに、少しでもお役に立てば私にとって最高の喜びである。

平成二七年　二月二二日

装丁　朝倉まり
DTP製作　荒川典久
本文写真提供　言論テレビ
帯写真　産経新聞社

「正義」の嘘

戦後日本の真実はなぜ歪められたか

◎目次

数字や肩書きなどは対談時のものです。

第1章

慰安婦問題だけではないメディアの病

櫻井よしこ×花田紀凱

「秘密保護法」で朝日は琉球新報に

櫻井　日本はいま、情報の危機という問題に直面しています。即ちメディアの危機でもあります。

メディア、ジャーナリズムの責任とは何か。

それはまず取材をして事柄を確かめ、その事柄を積み重ねていくことによって事柄の全体像を描き出し、視聴者、読者、国民にこれを提示することです。こうして出来る限り正しい全体像だと思えるところに近づいた情報を提示して、それを元に一人ひとりの日本人が自分なりに捉えることができるようにするのが理想です。そのために存在するのがジャーナリズムであり、そうすることがジャーナリズムの責任です。

事実に基づく報道ではなくて、自分たちの考え方であるとか、自分たちのイデオロギーを説得するために紙面を作ったり、情報提供するようになれば、これはもはや、ジャーナリズムとは言えないわけです。

日本のメディアはこの本来のジャーナリズムの責任を本当に果たしているのか。

月刊誌『Ｗ・ｉＬＬ』の編集長である花田さんと一緒に考えます。

花田さん、『Ｗ・ｉＬＬ』は発刊からもう一〇年目ですか。

櫻井よしこ

花田　はい。少しは存在感が出てきたかな、と。

櫻井　文藝春秋にかつて『諸君！』という雑誌がありましたが、なくなってしまい、それに代わる保守の論壇をいま『Ｗｉ Ｌ Ｌ』が果たそうとしていると言ってよいですか。

花田　『諸君！』をやめてしまったのは、文藝春秋にとっては非常に惜しい。日本にとっても痛手でしょうね。

櫻井　私はあの時、本当にとても悲しかったですね。『諸君！』は、池島信平さんがおつくりになった。

花田　はい。菊池寛、佐佐木茂索の精神を継いだ池島信平がつくった雑誌を、たしかに採算的には良くなかったのかもしれませんが、

花田紀凱

やめてしまった。文藝春秋は、他の書籍の出版や文庫、月刊『文藝春秋』、『週刊文春』などで儲けているわけですから、『諸君！』はやはり続けるべきでした。

総合誌の『文藝春秋』とオピニオン誌の『諸君！』、この二本柱があって文藝春秋という会社が生きるわけですから。

櫻井　『WiLL』に課せられた責任は、その分、非常に重いですね。そもそも、日本の大メディアはメディア本来の役割を果たしているのか。それについてお伺いしたいと思います。

メディアは、全体像を伝えますが、その全体像を伝える時に一つひとつの事実がちゃんと取材に基づいているのか、公正・公平なものなのか。どうも私は違っているというふうに思います。

たとえば特定秘密保護法が通った時の各メディアの伝え方を例に挙げます。

二〇一三年一二月六日に特定秘密保護法が成立し、その直後の朝日新聞には次のような見出しが躍りました。

〈数の力　強行突破〉〈反対あきらめぬ　「廃止する活動　始めよう」〉〈怒り　列島包む〉〈戦中に戻すな　沖縄戦　スパイ扱い　「国民同士監視　怖いんだ」〉

また、一二月八日の朝日新聞「天声人語」は次のようなものです。

〈（前略）国の行く末がどうなるか、考えるよすがもないまま戦争に駆り立てられる。何の心当たりもないまま罪をでっち上げられる。戦前の日本に逆戻りすることはないか。心配が杞憂（きゆう）に終わる保証はない。おととい、特定秘密保護法が成立した▼国家安全保障会議の設置と併せ、外交や軍事面で米国との連携を強めるための法律である。その先には武器輸出三原則の見直しや集団的自衛権の行使の解禁が控える。安倍政権の野望が成就すれば、平和国家という戦後体制（レジーム）は終わる▼12・8の日付を忘れることはできない。今、忘れない日付のリストに12・6も加えなければならない〉

花田　常軌を逸していますよね。

櫻井　本当に（笑）。「戦争に駆り立てられる」「罪をでっち上げられる」「戦前の日本に逆戻りする」などという、私から見ればお定まりの表現が並んでいますね。一体、どういう理屈でこのような事態が出現し得るのか、そこのところの説明はまったくないわけで、本当にひどく感情的な内容です。

ちなみに各社の社説は次のようなものでした。

朝日〈憲法を骨抜きにする愚挙〉

毎日〈民主主義を後退させぬ〉

読売〈国家安保戦略の深化につなげよ〉

産経〈適正運用で国の安全保て　知る権利との両立忘れるな〉

読売と産経は、それぞれ安保戦略のために役立つということを述べていてこれは妥当だと思うのですが、問題は、朝日と毎日です。

秘密保護法というのはどの国にもある法律でしょう？　ない方がむしろ国家として歪《いびつ》なのです。

花田　これまで、このような法律がないことが、国家としておかしい。アメリカがそんな国とまともに協力できないと思うのは当たり前です。

櫻井　それを日本は初めて作った。ようやくまともな法整備をしましょうというときに「愚挙」「民主主義を後退させぬ」というのはどういうことなのでしょうか。

花田　成立した翌日の新聞の見出しは、酷かったですね。先にも出ましたが、見開きで「反対あきらめぬ　戦中に戻すな」ですから。

櫻井　沖縄の新聞がよく一面と最終面を使って二面分の大きな見出しを掲げ、おどろおどろしい紙面を作りますが、私は朝日新聞が本当に沖縄タイムスか琉球新報になったのではないかという印象をもったくらいです。

花田　それは、ぼくも思いました。それに影響力が違いますからね。

櫻井　ほかにも見出しで、「数の力　強行突破」「怒り　列島包む」、「国民同士監視」する世の中が来るとも言っている。つまり「怖いぞ」という脅しですね。

すでに触れたように、「天声人語」は、「戦争に駆り立てられる」「戦前の日本に逆戻りする」と書いています。

花田さんはメディア論にとりわけ熱心で、朝日新聞のウォッチも毎日新聞や共同通信のウォッチもよくしていらっしゃるわけですが、このような報道についてどう思われますか。

花田　先ほども話に出ましたが、池島信平という文藝春秋の名編集長で、後に社長にもなって、戦後、文藝春秋をここまで大きくした名編集者がいました。昭和四八年に亡くなったので、ぼくが入社したのが昭和四一年ですからたった七年ですけれど、その謦咳《けいがい》に接することができたのは幸せでした。

池島さんは、『文藝春秋』という雑誌の役目は朝日新聞、NHK、岩波書店をウォッチすることだと言っていました。これが『文藝春秋』の大きな役目だと、こう言っていたわけです。

たしかに、朝日、NHK、岩波書店をウォッチするのは『文藝春秋』に限らず雑誌の大きな役目だと思っています。それは日本の新聞が八〇〇万部、一千万部と大部数で影響力が大きいということが一つ。それから日本人は、メディアリテラシーがないというか、新聞に対する信頼感が強いということがもう一つ。日本人は新聞が書いていることは本当だと思っている人が多いわけです。

だから、その大新聞や大メディア、日本人が信じて疑わないメディアをウォッチすることは、雑誌の大きなテーマです。

長年にわたってそういう批判を続けてきているのですが、なかなか新聞はかわらないですね。

櫻井　頑迷固陋《がんめいころう》ですね。

社説、天声人語、声を使う全面展開

花田　いま、櫻井さんが各紙の見出しを出されましたが、特定秘密保護法の朝日での扱いについて調べたことがあるのです。二〇一三年八月二五日以降、同年一二月六日の成立までに朝日新聞は特定秘密保護法反対の社説を何本書いたと思いますか。

櫻井　月に二本として実質三カ月、精々書いて一〇本くらいですか？

花田　二五本も書いているのです。しかも「天声人語」でも八本書いている。異常としか言えませんね。

もっと酷いのは投書欄（「声」）。投書欄というのは、担当者が恣意的に選べるわけですから、そこによく、自分たちが言いたいことを拾って、一般の声として使うわけですよ。

投書欄はもっと酷くて、一一月、一二月、たった二カ月で六九本。

たまにアリバイみたいに賛成というか、中立的な投稿も載っていますが、反対意見の中身はもちろん、タイトルがこれはもう本当に酷い。「国民主権に反する秘密保護法案」、「隠蔽体質の国で秘密保護法とは」「権力暴走の恐れ　秘密保護法案」、滅茶苦茶です。

「天声人語」もすごいですよ。

二〇一三年一一月一三日には、次のように書いた。

〈（前略）秘密を扱う者は丸裸にする。場合によっては携帯の通話記録を見る。うそ発見器にかける。親類縁者や友人知己にも目を光らす。人権もプライバシーも捨て去れということだ〉

これは、本気で書いているのかな、と疑うような代物です。

櫻井　天声人語子は朝日の中のエリート記者なのでしょう?

花田　エリート中のエリートですよ。かっての荒垣秀雄とか深代惇郎とか。しかも〝名文家〟と言われている。社内では、ですが（笑）。

櫻井　そのエリートがこういうことを書くのですね。

花田　こんなことを平気で書くというのは信じ難い。恥ずかしくないのかなと思う。

櫻井　恥ずかしいと思えば書けない。ですから、恥ずかしいとは思っていない。ある種のイデオロギーでずっと書いているのでしょう。

朝日新聞などがそういうことを書くものですから、この特定秘密保護法がいったいどういうものなのかということについて、ネット上などでもいろんな意見があります。たとえば、あらゆる発言が調べられて、それがきっかけとなって逮捕されたりする。または、原発に関する発言や調査も罰せられるなど、本来とは異なる話に大きく飛躍してしまっているわけです。

原発に関する発言は罰せられると言っているような方たちは、いったい何をもってそんなことが特定秘密保護法によって起きていくのだと考えているのか、さっぱりわからない。

今回成立した特定秘密保護法は、各省庁がこれは国益に関する重要情報で秘密保持の必要があり、公に出してはならないという情報を特定秘密に指定するのが第一段階です。何が特定秘密に指定されているのか、その判断は正しいのかなどを含めて五年ごとに見直しを行いますが、最大三〇年までは秘密にできますよというものです。三〇年を過ぎてもまだどうしても秘密にしなければならないものは、また五年ごとに調べて六〇年まで延長できる。しかし、基本的には三〇年で情報公開します。また、第三者委員会を作って本当にこの秘密が秘密たり得る重要なものなのかを審査します、というのが大枠の流れです。

たしかに当初は特定秘密とされたものが本当にそのカテゴリーに当てはまるものなのかというチェック体制が甘かった。それは野党との折衝の中で修正されました。

にもかかわらず、こういったことをきちんと伝えたメディアがあまりにも少なく、「天声人語」は、一般の人たちの携帯電話の通話まで盗聴されてしまう、親戚まで調べられてしまうということを飛躍して書くので、ネットに氾濫しているようなおどろおどろしい話になるわけです。でも、法律を読めばこれは秘密を扱う人々、つまり役所とそこで働く人たちが主たる対象であることは明白です。一般の国民が監視され携帯電話に至るまで盗聴されるなどということが、どのようにして起こり得るのか。あり得ないことを恰《あたか》も現実の危機のように書く。この伝え方はおかしいと思いませんか？

花田　おかしいですよ。しかも秘密保護法は何年も前から検討されてきたわけですから、いくらでも事前にそのような情報を開示し、反対なら反対で論を展開していく機会はあったわけです。それをいまになって慌てて報じているわけで、日本の大メディアはロングレンジでものを考えられない。

朝日新聞はもはや赤旗と同じ

櫻井　大メディアの報道のおかしさは、靖国神社参拝についても言えると思います。二〇一三年一二月二六日に安倍総理が靖国神社を参拝した。それに対する感情的論評にはすごいものがありました。

翌日の新聞を右と左、正反対の産経新聞と朝日新聞で比較してみます。

一二月二七日の産経新聞の見出しは、〈首相　靖国参拝　10月決断　米中韓関係見極め「説明し、誤解解きたい」〉というものです。一方、朝日新聞は、〈「信条」優先し強行　政権運営めど　党幹部「もう誰も止められない」　安倍首相、靖国参拝〉と書きました。誰も安倍さんの暴走を止められないと言っているわけです。

その日の朝日新聞の靖国参拝関連の記事は、全部で九頁分。社説は〈首相と靖国神社　独りよがりの不毛な参拝〉です。

朝日は総理の靖国参拝に頭から反対しているわけですが……。

花田　本当に赤旗とそっくり（笑）。「朝日新聞は日本のプラウダか」というのは『諸君！』の名タイトルですが、いまは赤旗とまったく同じです。

赤旗と比べたら面白いですよ。秘密保護法もそうですが、朝日新聞の書いていることがいかに赤旗と似ているかがよくわかります。

櫻井　赤旗は共産党の機関紙ですからね。客観性も中立性もない。

花田　そう。赤旗は共産党の機関紙だから彼らが言う分にはいいですよ。党員しか読んでいませんから。

櫻井　彼らは、私たちは共産主義者です、共産主義のイデオロギーです、とちゃんと宣言していますからね。「ああ、そういうものだろうなあ」と思って読んだりしますが、でも朝日は公正中立を標榜する大新聞です。

花田　客観性、中立性を保っていると言っているのですが、そんなもの、どこにもない。客観性も中立性も、はっきり言ってまったくありません。

その靖国参拝の一面記事では、編集委員の前田直人氏が、〈戦後の礎　壊しかねない〉という記事の中で次のように書いています。

〈首相は参拝後、「戦犯を崇拝する行為であると、誤解に基づく批判がある」と語ったが、戦争を指導して東京裁判で責任を問われたA級戦犯が1978年に合祀〈ごうし〉された現実は重い。それ以降、昭和天皇は靖国神社に参拝しなかった〉

A級戦犯云々というのですが、天皇皇后両陛下は最も重要とされている春と秋の例大祭に毎年必ず勅使を出されている。だからA級戦犯云々というのは出鱈目です。事実、両陛下は毎年、戦没者慰霊祭には出席なさっている。慰霊祭にはいわゆるA級戦犯という人たちも含まれているのです。要するに両陛下はもし靖国に行けば、また朝日などが書いて問題にするから、いらっしゃらないだけですよ。

櫻井　ここに世論調査があります。共同通信が一二月二六日の総理の参拝をうけて、二八、二九日の二日間で調査をしたら、内閣支持率が五四・二%から五五・二%に一ポイント上がったといいます。

参拝直後に内閣支持率が上がったというのは、私はすごいことだと思います。しかし、共同通信は〈内閣支持率は55%と横ばい、世論調査〉と書きました。

共同通信は世論調査で、もうひとつ、靖国参拝に外交的配慮の必要はあるか、ないかを問うた。どういう設問がなされたか不明なのですが、世論調査にはいつも或る種の問題がつきまといます。必要は「ありますか?」と聞かれたら、「あります」とだいたい答えてしまう。そして、六九・八％の人、つまり約七〇％の人が外交的配慮が必要と答えた。

するとこの結果、共同の世論調査の記事を、毎日新聞がそのまま使ったわけですが、そのとき、毎日は「外交的配慮が必要」という部分だけを書いて、支持率が一ポイント上がったことは書かず、〈外交配慮「必要」69％　共同通信世論調査　首相靖国参拝巡り〉と報じました。

もし、内閣支持率が五三・二％になって一ポイント落ちていたとしたら、「支持率下落」と書いたのではないでしょうか。

花田　絶対に書きますよね。

櫻井　書くと思いますね。

花田　世論調査は、設問の仕方によっていかようにも回答を左右できるということを、『Ｗ・ｉＬＬ』二〇一四年三月号の「朝日は世論調査を悪用している」という記事で大阪商業大学学長の谷岡一郎さんが検証していますが、面白いですよ。設問の仕方によって全然、結果が違うのです。

櫻井　客観的に見える数字でさえも、聞き方によっては高くなったり低くなったりしますから、設問も読みながら数字を見るということが大事ですね。

花田　何人に聞いて、どれだけの回答率だったかもきちんと見ないと世論調査の嘘を見破れない。新聞は毎月のように世論調査をやるでしょう。あんなにやる必要があるのかと思いますけれども。

櫻井　世論調査を頻繁に行う心を、どう読み解きますか。

花田　自分たちの主張に沿うような紙面をつくるためのアリバイとして利用しているだけです。

櫻井　そのような世論調査を朝日が行ったと思える事例があります。

〈右傾化は際立たず　朝日新聞世論調査「20代はいま」〉(二〇一三年一二月二九日)という記事です。つまり、「右傾化していないですよ」と朝日は書いたわけです。

ところがその記事の中身を見てみると、靖国参拝について二〇代の人たちは六割の人が賛成しています。三〇代は五九%、これも約六割だとしてよい数字です。

つまり、二〇代、三〇代の約六割が賛成である。

ところが朝日は、この「右傾化は際立たず」というタイトルをつけた記事の中で、二〇代の賛成が六〇%だったということには本当にちょっと触れただけ。ほとんど気づかないような触れ方です。

これは、いま花田さんが言われたように、自分たちが期待するような結果を導くための世論調査だったのではないかと思えて仕方ありません。

花田　靖国参拝については〈日本の首相が靖国神社を参拝することに賛成ですか。反対ですか〉というシンプルな設問ですが、たとえば〈靖国神社には、第２次大戦中の日本の指導者だった東条英機元首相らの戦犯もまつられています。このことを知っていますか〉という設問がそのあとになされています。

櫻井　にもかかわらず、六割が賛成したとなると、そのことをこそ、書かなくてはならないでしょう。

朝日を批判する理由

花田　いま、世代による調査の話が出ましたが、ネットの世論調査と新聞の世論調査の乖離が大きいですね。それについて「ネットは若い人だから」というふうに論じられることが多いですが、ネットを使っている人たちは若い人ばかりではないですよ。中・高年の人でもネットをチェックしている人はたくさんいます。

櫻井　私と花田さんが番組を持つ「言論テレビ」は、インターネットの動画コンテンツなので、若い人たちだけが見ていらっしゃるかと思ったら意外にそうではありません。実は言論テレビを毎週見て下さる正会員の中には若い世代と共に五〇代、六〇代、七〇代の方もたくさんいらっしゃいます。

花田　そうなのです。だからどちらかといえば、ネットの世論調査のほうが実は客観的なのではないかという気が私はしています。

櫻井　安倍総理の靖国参拝後の世論調査では、ネットでは八割が支持したという数字があったとも聞きました。

花田　ヤフーが行った意識調査で〈安倍首相の靖国神社参拝は妥当？〉という質問では、八割近くが妥当と回答していました。

櫻井　でも、彼らは都合が悪いので、それを書かない。

都合が悪くなると書かないということについては、ずいぶん古い事例なのですが、こういう本を挙げておきます。

それは、『読んでびっくり朝日新聞の太平洋戦争記事』で、戦後五〇年が迫った一九九四年にリヨン社というところから出版された本です。すぐに朝日新聞が権利関係で法的手段をちらつかせてこれを絶版にさせました。その後、太田出版からほぼ同じ内容の『朝日新聞の戦争責任―東スポもびっくり！の戦争記事を徹底検証』が発行されています。

『読んでびっくり朝日新聞の太平洋戦争記事』には、昭和二〇年八月一四日の朝日新聞の記事が挙げられています。翌一五日に日本は降伏するわけですが、その前日の朝日新聞の社説〈敵の非道を撃つ〉にはこう書かれています。

〈われらはわれらに與へられた至上命令である航空機増産、食糧《りよう》増産その他の刻下の急務にひたすら邁《まい》進すれば足る。敵の暴虐《ぼうぎやく》に対する報復の機は一にこの國民の胸底に内燃する信念が、黙々《もくゝ》としてその職場に於《おい》て練り固めつゝある火の玉が、一時に炸裂《さくれつ》するときにある。

すでに幾多の同胞《ほう》は戦災者となつても、その闘《とう》魂は微《び》動だもせず、いかに敵が焦《しよう》慮《りよ》の新戦術《じゆつ》を実施《し》しようとも、一億の信念の凝《こ》り固まつた火の玉を消すことはできない。

敵の謀略《ぼうりやく》が激《はげ》しければ激《はげ》しいほど、その報復の大きいことを知るべきのみである〉

まだ戦え、戦えと奨励している。

終戦の前の日の社説ですよ。

私がこのことを本当に酷いと思うのには理由があります。終戦の五日前に当時の下村（宏）情報局総裁談話によって、「戦局は最悪の状態」との声明が発表された。そして、朝日新聞はこれを日本の敗戦を示唆した初めての政府声明だと受けとめたということですが、新聞人としては、敗戦を政府が発表したと受けとめたのならば、すぐに発表しなければならないわけでしょう。

にもかかわらず、そうしていない。先の書籍が細川隆元氏の著書『実録朝日新聞』を引用しながらどう書いているか。当時の朝日新聞の編集主幹たちが、新聞はむしろ知らぬ顔をして、従来の「国体護持、一億団結」を表に出していった方がよかろう、と編集方針を定めたというのです。そして前の日の社説までイケイケドンドンを主張して、多くの死ななくていい人たちを戦場に送り込んでしまった。

急に編集方針を変えることができないから、徐々《じょじょ》に書いていこうということだったようですが、それはつまり単に自分たちのメンツを守りたいということでしょう。

花田　メンツに捉われるから、報道が歪むんです。

櫻井　こういうメディアがいまや「日本の良識」などという。

花田　自社が戦時中に戦意高揚のためにどういう報道をしてきたかについてきちんと検証し、それを詫びるということをまずやらなくてはいけなかった。

櫻井　していないですね。

花田　それがもう根本的におかしいと思います。単なる誤報ではない。

櫻井　朝日はしかし「いや、我々はやりました」という主張だと思います。終戦直後の新聞にものすごく小さなスペースでちょっと反省文を書きました、と。しかし、これは朝日新聞の一面の真ん中よりちょっと下のところに小さく書いてあるだけです。

これをもって戦前戦中、戦争を煽ったことに対する謝罪だとは誰も考えないでしょう。

毎日や他の新聞も多かれ少なかれそうだと思うので、朝日だけを責めるのはどうかという意見もありますが……。

花田　朝日は日本の新聞の一応、代表的存在ですから。

なぜ朝日新聞ばかりを標的にするのかとよく言われます。たとえば、ぼくは一九八八年から『週刊文春』の編集長を六年間やりましたが、その間に朝日について八〇数本もの記事で取り上げたそうです。『ダカーポ』編集部が調べてくれたのですが。

「なぜ朝日ばかり」と聞かれたら、朝日は日本の新聞の代表だからだと答えています。部数はたしかに読売の方が多いかもしれないけれども、やはり朝日新聞に対する読者の信頼感は高いものがあるわけで、日本の新聞の代表として取り上げている。別に朝日が憎くてやっているわけではありません、とこう言っています。

櫻井　朝日に期待するという部分が、逆説的にいえばあるのかしら。

花田　そういうこともあるかもしれませんね。いや、ないか（笑）。

櫻井　批判は、がんばるべきだと、がんばってほしいという気持ちでもあるということでしょう。

大メディアをよくする方法

花田　本当に安倍総理の靖国参拝と特定秘密保護法に対する朝日新聞などの報じ方を見ていて、ぼくはもうほとほと日本の大新聞に絶望しました。いくらやっても虚しいなという気さえしましたね。

櫻井　花田さんがそんなことを仰ると、メディアは困るじゃないですか（笑）。

花田　そう言いつつ大批判の特集を組むんですけどね（笑）。朝日新聞だけでなく、テレビもいい加減な報道をしていますね。

櫻井　私もテレビの無責任さにはいろいろな思いを抱いているのですが、テレビの検証は難しいのです。新聞はあとで読めますが、テレビでの発言はなかなか確認ができない。

花田　前から言ってるのですが、一度放送したものについては、たとえば研究者やジャーナリスト、あるいは他のメディアなどが希望したら、必ず放映済みの映像をＤＶＤなどで提供するというシステムをつくるべきです。それは有料でもいいのですよ。そういうシステムをテレビ界自身がつくらなければテレビはよくならないでしょう。このままだと批評ができない。

何気なくテレビを見ていて、「あれ？　変だな」と思っても、すぐに消えてしまうわけです。二四時間、録画したり、メモしているわけではないですしね。最近、ネット上にはウォッチャーがいて、テレビ朝日の『報道ステーション』やＴＢＳ日曜朝の『サンデーモーニング』など問題番組はきちんとウォッチしていたりしますけれども、批判にさらされなければ、テレビ界はよくなりませんよ。

櫻井　日本のメディアがこのままでいいはずはないわけですから、どうにかよくしていきたい。テレビに関してはいま花田さんが言われたこと、一度報道したニュースや番組は要求があれば自動的に供給しなければならないというルールは非常にいいですね。是非、ＮＨＫをはじめ民放各社に取り組んでほしいものです。

新聞はどうですか？

花田　新聞はいまの大部数を維持しようということ、大部数神話が一番の問題だと思います。それによるいろんな無理がきている。それぞれの新聞社が自前の販売店を持って、そこに莫大なお金を投入しているわけです。しかし、戦時中のように合配制度をとれば、ある新聞店が朝日も読売も毎日も産経も配ることができる。軒並み配れるから能率もいいし、費用も少なくて済む。

ところがいまは各社がそれぞれに配っているわけでしょう。ものすごい無駄。

こういうところを改善すればいいと思うのですが、彼らがなぜやらないかというと、お互いに正確な部数がバレて新聞の優劣がハッキリしてしまうからです。

櫻井　朝日は嫌だから読売にするということも簡単にできてしまうようになりますしね。

花田　だから絶対にやらない。それにそもそも押し紙（売れないのに販売店に押しつける部数）してまで、八〇〇万部、一千万部の大部数である必要はないですよね。

櫻井　小さな新聞社でも、合配制度を使えば「クオリティーペーパー」を全国に配ることができる可能性があります。が、いまは単体の販売所を持たなければならないので、小さな新聞社ではどうしても体力的に無理な状況が続いています。

花田　アメリカは新聞の数は多いけれども、発行部数はそうでもない。電子版が好調のようですが、紙と電子を併せても「ニューヨーク・タイムズ」で一五〇〇万部くらいでしょう？「ウォール・ストリート・ジャーナル」も二〇〇〇万部くらいですよ。

櫻井　私がかつて勤めていた「クリスチャン・サイエンス・モニター」は、当時は一八万部でした。

花田　けれど、すごく影響力はあるわけじゃないですか。言論界に大きな影響力がある。そういう新聞をつくっていかなければならないですよね。だからぼくは今、東西で一六〇万部くらいの産経新聞には期待していて、日本のクオリティーペーパーは産経だ、あまり大きくならない方がいいと言っています。

櫻井　ハッハッ、それでも私は産経新聞の部数が増えてほしいと思います。とりわけ沖縄県では何とかもっともっと読まれてほしい。

朝日新聞の社説ができるまで

花田　朝日新聞の社説がどうやってできるかというと、たとえば今日のテーマは靖国参拝だと決まる。すると、二〇人くらいいる論説委員があれこれ討議をして、その中の誰かが代表して社説の原案を書く。論説副委員長がそれをチェックし、論説委員長がチェックして、社説として紙面に出ます。

しかし、朝日新聞とはいえ、全員が全員、同じ意見ではないはずです。その中では当然、いろんな意見が出ているはず。出なければおかしい。

産経新聞でも、社説ができる過程は同じようなものだと思います。そして、産経とはいえ、朝日的な考えの人がいるかもしれないから、内部では侃々諤々《かんかんがくがく》やっているに違いない。朝日よりもう少し、産経のほうがまとまりがいいかもしれませんが。

そして、侃々諤々やっている中で出てきた社説は、それぞれ朝日はこう、産経はこう、とまったく違うものになる。だからぼくは、その社説をつくる過程の侃々諤々がどんなふうなのか、雑誌に再録させてほしい、それは読者のためにもなりますよ、と言ってきたのです。朝日の中では、こんなに自由な論議が行われているのだということがわかるじゃないですか、と言って頼んでみたのですが……。産経は一応、ＯＫだったけれども、朝日は駄目でした。

社論の裏側を再録すれば、面白いと思いますし、そのようにしてもっと新聞社も開かれたらいいと思います。

櫻井　一つの結論に至るには、まず複数の論説担当者の考え方や判断をもとに議論がなされる。議論の過程で挑戦を受ければ、自分も新しい見方や情報について考えることができる。そうすれば、なるほどそうか、と異論を理解できることもある。その知的なプロセスこそ必要ですし、それを知ることも重要です。

花田　ぼくはよく朝日新聞に電話するのです。朝、産経から読んでいって朝日を読むと腹が立つわけですよ（笑）。事実関係を踏まえていなかったりしますから。で、すぐに電話をする。

朝日新聞には読者広報室というのがあり、九時から電話が受け付けられる。ですから、九時になったら即、電話するのです（笑）。「花田です」とは名乗らず、非通知で電話します。

すると、以前は読者広報室という窓口一本だったのが、いつの頃からか「ご意見」と「ご質問」とに分けています。何か質問しても、「それはご意見ですから」と言われて「ご意見」の窓口に回されてしまうわけです。「ご意見」は聞き置くだけ。「ご意見承りました。担当者に伝えておきます」で終わり。つまり、あちらは答える必要がない、というスタンスです。

朝日も、ぼくのような、いつも電話してきて「おかしいんじゃないですか！」という読者が多いので、あしらい方を考えたのでしょうね。

もともとはあの窓口にはベテラン記者を置いていたらしいですが、今は女性が多い。このあいだも、こちらの話に「うん、うん」と返事をしているから、「返事は『うん』じゃないだろ、『ハイ』だろ」と叱ってやりました。そうしたら、「あなたは『うん』でいいんですか」と逆襲してきたから「こっちは読者だからいいんだ」って（笑）。

櫻井 花田さんが毎朝九時に電話する相手が朝日新聞だったというのは大変な驚きですねぇ。

花田 毎朝とまではいきませんが（笑）。

何十年も朝日だけを読むのは危険

櫻井　情報を受ける側に必要なことは何だと思いますか。

テレビに関して言うと、昔のワイドショーは芸能ネタが多かったものですが、いまやニュースが主役といってもよいと思います。ニュース番組よりもニュースにかける時間を長くしているくらいです。

でも、ワイドショー出演者の方々はてんでんバラバラ、いろんなコメントをしていますね。こういったコメントにあまり惑わされないほうがいいと、私は思うのですけれども。

花田　ぼくも昔、やっていたから大きなことは言えないですが（笑）、コメンテーターという人たちが、なんでもかんでも全部、知っているわけがない。それでも、何かは言わなければいけないですから、適当なことを言うわけですよ。そして、彼らはそれなりの著名人だから、テレビを見ている人のなかには、それを信じる人も多いわけですね。だから、コメンテーターのコメント、あれはよくない。

櫻井　私は、いろんな方がいろんなことを言うのは、大変結構なことで、聞く方もそれを楽しむくらいの感じで聞いていればいいと思うのですが、コメンテーターの意見を頭から信じ込むのは、どうかと思いますね。

花田　櫻井さんには釈迦に説法ですが、テレビというのは、非常にエモーショナルなメディアですよね。

櫻井　そうですね。

花田　だからワイドショーなどは特に、視聴者の感情に訴えようとする報じ方が多いので、信用できない部分が……。少なくともテレビのニュース番組は視聴率を問わない、視聴率競争から外すべきです。フジテレビ、逸見政孝さんと幸田シャーミンさんの『スーパータイム』あたりからニュースのショー化が始まった。

櫻井　少なくともひとつの報道を見ただけで信じるのではなくて、比べて見ることが大事ですね。それは新聞についても同じです。

花田　でも、先にも話しましたが、テレビは比べようがない。同じ時間帯で放映しているものを比較することはできないですからね。

櫻井　一日、何時間もテレビを見ていたら生活できないでしょう。
新聞に関して言えば、朝日新聞を読んでいる読者であれば、それと反対の論調の産経新聞をとりなさい、と私はアドバイスすることにしています。読売新聞を読んでいる人ならその反対の論調の毎日新聞をとりなさいと。異なる論調の新聞を二紙とって比較するようすすめています。

花田　少なくとも二紙購読して比べてほしいですよね。ところがだいたいの家庭は、一紙しかとりません。一人暮らしの若い人はほとんどとっていません。

櫻井　異なる論調の二紙購読をすすめると、それぞれが三〇〇〇円、四〇〇〇円とかかりますので、経済的に難しいという人が多い。ならば、三カ月間、朝日新聞をとって、次の三カ月は産経、その次は読売、その次は毎日というふうに購読紙を換えていくというのもいいと思います。

花田　そうすると、いろんなものがもらえます。洗剤やクオカードなどが(笑)。

櫻井　いいアイデアでしょう?

花田　いいですね。新聞社の販売はいろいろ問題が多いのですが、関西あたりでは一年契約すると大型テレビがもらえるとか。

櫻井　何十年間もずっと朝日新聞だけを読んでいる人の頭のなかはどういう情報世界になってしまうのか、という感じがしますから、やはり違う視点を持つためにも他紙に換えてみるのがいいと思います。

新聞の偏りを修正する存在

花田　そして、新聞を読んでいるだけではいろんな情報について的確な判断はできません。やはり、ぼくは雑誌を読みなさいと言っているのです。

なぜなら、サラリーマンであったり、主婦であったり、皆、忙しいのですから、一人の人が数紙の新聞を読み比べることなど、普通はできないからです。しかし、雑誌を読めば、実際に新聞を読み比べた人たちがああだ、こうだと論じている。大メディア批判は雑誌の大きな役目の一つですから。だからぜひ、雑誌を読んでほしいですね。とくに『ＷｉＬＬ』を（笑）。

櫻井　私もまずは新聞で、ザーッとどんなことが起きているかを頭に入れて、それについてもっと知りたいと思ったら雑誌を読みます。週刊誌でも月刊誌でもいい。そしてさらにもっと知りたいと思ったら今度はその分野の本を読みます。

テレビ、新聞、雑誌、単行本の順番です。これで、かなりいろんなことがわかってきます。

花田　週刊誌を馬鹿にして読まない人もいますが、週刊誌も、そんな馬鹿にしてはいけないのですよ。

櫻井　私は物書きですから、花田さんの雑誌にもいままでいろいろ書かせていただきました。私のような書き手は名前を出して、署名で書いているわけです。その責任がありますから、恥ずかしいことは書けないし、間違っていたら必ずあとで訂正してお詫びしなければいけない。しかし、訂正はやはり格好悪く恥ずかしいことですから、書くときは間違いのないよう一所懸命に書くわけです。

その記事が、読者のなんらかの役に立って、その人の心に入っていってくれればこんなに嬉しいことはないと思いながら書きます。

ですから私としては、雑誌の記事を軽々にすっ飛ばして読んで欲しくないという切なる気持ちがあります。

花田　そうですね。

『ＷｉＬＬ』はよく中国問題や韓国問題を特集します。すると、「なぜそんなに中韓ばかり叩くんだ」と、こう言う方がいるのですが、それは違う。要するに、『ＷｉＬＬ』に書かれているような情報、考え方が大新聞、大メディアには出てこないわけです。だから一般の読者のための判断材料として記事にしているのです。新聞を読み、雑誌を読み、読者の方が自らいろいろ考えてくだされぱいい。

櫻井　新聞の一方的な偏りを修正するための存在が雑誌メディアであり、書籍だと、自信をもって言いたいですね。

花田　それぞれに役割があります。

櫻井　欧米社会のメディアは日本のメディアよりも責任ある報道をしているように見受けられます。それはなぜかというと、あまり間違ったことを書いたら批判されるからです。誰が批判するかといえば、メディアウォッチと言われる様々なＮＰＯ法人。透明性の高い機関ですが、そのようなメディアウォッチがいくつもあり、新聞、テレビは、監視されているわけです。日本はこの相互監視を、遠慮するのか、あまりしない傾向にあります。

花田　しませんよね。本来はメディア同士でも監視し合うべきです。新聞同士でもやるべきでしょう。産経と朝日も、もっと侃々諤々していいわけですが、やはり遠慮もあるように思う。だからそこに雑誌の存在価値があると、ぼくはこう言っています。
　本当はメディア同士で批判しなければ駄目です。週刊誌は最近、お互いの批判をよくやっていますけれども。まだまだ足りない。

櫻井　朝日についてもそうですが、ただ単なる非難や中傷ではなく、建設的な批判というところに舞台を設けて丁々発止とやりたいですね。

丁々発止の活発な議論の中から、前向きのエネルギーが生まれてくると思います。なんといっても知的に、闊達に、生きたい。それがメディア界に身を置くことのひとつの大きな喜びですものね。

（二〇一四年一月一七日放送）

第2章　イデオロギーのためには弱者を食い物にする

櫻井よしこ×花田紀凱

佐村河内氏を宣伝したメディア

櫻井　世の中に適正な情報が行き渡らないとき、往々にして不可解な現象が起きたりします。出来るだけ正しい情報を伝えるという意味で、メディアの責任はとても大きいのですが、日本のメディアはその本来の責任を果たしているのか、今度も、『ＷｉＬＬ』編集長の花田紀凱さんと共に、メディアの現状と役割について話したいと思います。

佐村河内守《さむらごうち》氏の問題がありました。実はこの方の名前を見て、「さむらかわちのかみ」って何の人だろうと思っていました。たくさんの報道で、ようやく耳が全く聞こえない全聾《ぜんろう》の作曲家という触れ込みだった人だとわかりました。

花田　ぼくは先日までは、「さむらこうちのかみ」だと思っていた。どんな人なのか、ほとんど知りませんでした。彼が急にメジャーになったのは、問題になっていますが、『ＮＨＫスペシャル』で特集番組を放映してからでしょう。

櫻井　そこで、佐村河内氏のことを取り上げた主な番組について挙げてみます。

〈佐村河内氏を取り上げた主な番組や記事〉

櫻井よしこ

・TIME　〝現代のベートーベン〟と紹介　二〇〇一年
・講談社　『交響曲第一番』二〇〇七年
・TBS　『NEWS23』二〇〇八年
・NHK　『あさイチ』二〇一二年〜三回
・NHK　『NHKスペシャル「魂の旋律〜音を失った作曲家〜」』二〇一三年
・NHK出版　『魂の旋律　―佐村河内守』二〇一三年
・TBS　『中居正広の金曜日のスマたちへ』二〇一三年
・朝日新聞　「ひと」欄　二〇〇八年
「被災地へ祈りのソナタ」

花田紀凱

二〇一三年

花田　ワイドショーも盛んにやっていましたから、まだまだあるでしょう。

櫻井　講談社、TBSの『NEWS23』、そして先にも触れた『NHKスペシャル「魂の旋律～音を失った作曲家～」』の影響力は大きいでしょうね。『NHKスペシャル』は私も見ました。

花田　「Nスペ」は視聴率が高いので、この番組によって多くの人が佐村河内守という作曲家のことを知ったのではないでしょうか。

櫻井　その佐村河内氏という人は、講談社から『交響曲第一番』という書籍を出していますす。

花田　〝自伝〟ですね。

佐村河内氏に関する『週刊文春』（二〇一四年二月一三日号）のスクープは、全聾で、目もよく見えない、しかし、作曲家として名を成したこの佐村河内守という人が、実は全聾でもなく自ら曲も作っていないということを暴いたもの。『週刊文春』は、この問題を数週間続けて記事にしています。

週刊誌も、ぼくが『週刊文春』の編集長をしていた頃は大スクープをすると、三週くらいは読者が買ってくれました。しかしいまは、読者は非常に移り気ですし、ネットもある、しかも様々な出来事が次から次に起こるので、大スクープをしても一週しか持たないと、いまの編集長たちは嘆いています。

しかし今回は本当に大スクープで、かつ、裏切られた感がすごく強いからでしょう、五、六週、連続して記事にしましたがよく売れたようです。

櫻井　「Nスペ」では、苦しみ、頭を壁にぶつけながら作曲をする、という映像がありました。

花田　四六時中、頭の中で重低音の轟音《ごうおん》が鳴り響いているということでした。薬を一五種類くらい飲んで、袋が山積みになっているところが映し出されていました。

櫻井　歩けなくなって這っていく、という映像もありました。
それらが全部、有り体に言えば嘘だったというわけです。その嘘を『週刊文春』が初めて暴いた。その前に放映してきた、先ほど挙げた本や番組を制作した人たちは皆、暴けなかった、騙された。むしろ、彼の宣伝の片棒をかついだわけです。

自然に撮れる映像ではない

花田　自伝だという『交響曲第一番』は最初、単行本が講談社から出て、いまは幻冬舎で文庫になっています。この本を『文春』のスクープのあとで読むと、本当に笑ってしまいます。
四歳の頃から、家で母親にピアノを習っていた。一〇歳になったときに母親が口にした一言をいまでも忘れることができないという。そして、次のようなことが書かれているわけです。
〈「今日までよう頑張ったね。明日であんたはお母さんを抜くじゃろう。もうお母さんがあんたに教えてあげられることはなくなったんよ」
あたたかい広島弁でした。

突然母の顔がくずれ、大粒の涙があふれだし、私を抱きしめて泣き始めたのです。「すごいね、あんたは！」〉（『交響曲第一番』）

ところが『週刊文春』の取材によれば、小学校時代の同級生が「佐村河内の家でピアノを見たことがない」と言っている。それから親父さんを『文春』の記者が直撃すると、それまで、少しは答えていたのに、ピアノのことを聞かれると急にシドロモドロになり、引っ越しをしたから、ピアノがある時もなかった時もあった、というようなことを言っているのです。

また、他にも次のような記述があります。

〈十七歳にして初めて挑んだ《交響曲第一番》は、二十二歳の時点ですでに十一回、作曲半ばで破棄していました。交響曲のほかにも、「完璧まであと一歩」と思われる小品や中規模作品は八十曲、完全に破棄したものも含めるとその数は四百曲近くにのぼっていました〉（同前）

櫻井　モーツァルトを凌いでしまいますね。

花田　しかし『文春』によると、彼は楽譜が読めない、書けない。だから、ストレートに言えば、作曲はできないということらしい。

こんなことも書いてあります。

〈しかし、これまで聴覚障害を隠し通してきたのには、理由がありました。一つは、耳の不自由な作曲家の作品には、同情票がつくであろうこと。それだけはどうしても避けたかったのです。自分の作品はいっさいの同情なしに正しく評価されねばならない、たとえそれが「クソだ」という評価であっても、です〉

〈私は《交響曲第一番》の完成を目前としながら、悶絶する日々を送らねばなりませんでした。さらに、この〈重度上〉の耳鳴りに、それを上まわる〈最重度〉レベルの耳鳴りの発作が加わったのです。発汗や嘔吐を伴う硬直のあと、激しい全身痙攣が起こり、発作が長引けば気絶してしまうこともありました。そんなときは、ほとんど例外なく失禁しており、鼻からもたびたび出血しました〉(同前)

ところがこれが全部嘘だったわけです。

櫻井　この自伝が講談社から出たのが二〇〇七年。それを読んだ人が『NEWS23』で紹介して、その同じ人が『NHKスペシャル』に話を持っていった。

花田　ディレクターですね。

櫻井　私も『きょうの出来事』という日本テレビの番組キャスターを一六年間してい

ましたので、ドキュメンタリーやテレビの報道番組をつくる現場を多少は知っています。私自身はカメラも回したことはないですし、映像をつくっているわけではないですが、カメラマンやディレクターの話をよくよく聞いていました。

そして、「Nスペ」を見て感じたのは、あのような佐村河内氏が壁に頭をぶつけたり、のたうち回るようなシーンは自然に撮れるものではないのではないかということです。

花田　四六時中ずっとカメラを回しているわけではないですからね。

櫻井　丸三日、七二時間でもカメラを回せば別ですが、ああいうシーンはずっと待っていなければ撮れません。でもタイミングよくそれを撮っているということは、やはり「仕込む」ということがなければできないでしょう。

花田　ある意味、「やらせ」というふうにも言えます。

櫻井　そう言われても仕方がないところです。「Nスペ」には、そういう撮り方をしたのではないかという場面がいくつもあります。現場で取材していた記者やディレクターは、彼の耳が本当に聞こえないのか、本当に楽譜をちゃんと自分で書いて作曲しているのかなどについて、不思議に思わなかったのでしょうか。

あの映像を見たら、あんなことで作曲ができるのだろうかという疑問を、素人ながらも感じます。

花田　『文春』によれば、楽譜を書くところを映させてくれと言うと、それは断られるわけです。曲は、この問題を告発した新垣隆さんというゴーストライターがつくっていて、佐村河内氏に「宅配便で送ってくれ」と言われたという。しかも、新垣さんの名前で宅配を送ると、万が一のことがあって嘘がバレると困るというので、「別の名前で送ってくれ」と言って送らせる。手が込んでいます。

自らの主張のために弱者を利用

櫻井　問題は、ほとんどのメディア、ＮＨＫを含めて、なぜ騙されたのかです。なぜ、このような嘘が発見されず、検証もされず、大きな番組になったり、大きな記事になってしまったのか。

花田　一つは、テレビに限った話ではなく、雑誌もそうですが、やはり「感動」に弱いということがあります。感動的な話だと、それを改めてきちんとチェックしようという気持ちが、やや弱くなる。

櫻井　たしかにシングルマザーに育てられ、ピアノを習っていためぐみちゃんという お嬢さんの話。それから義手でヴァイオリンを弾くみっくん。その人たちの話が報じられると、心はそちらに吸い寄せられます。

ただ私が許し難いと思ったのは、そのような恵まれない子供や身体が不自由な子供を佐村河内氏は敢えて探した、そしてＮＨＫはこれに協力した、ということです。

花田　東日本大震災の被災地で、ピアノを習っていて親を失った子を、わざわざＮＨＫのディレクターが探しに行くわけですからね。そういう子を見つけてくれと、いろんなところに頼むわけですから、酷い話です。

櫻井　もっと不幸な、もっと可哀想な、もっと同情をひくような子供を「探す」という発想は、本当に許し難い。

花田　みっくんとの出会いで、佐村河内氏は、こういうことをやれば世の同情を引く、自分の音楽が売れる、ということが「分かった」「学んだ」のでしょう。

櫻井　先ほどの〝自伝〟の中に、耳が聞こえないことを隠していた、なぜならば同情心から自分の作品が売れるようなことはあってはならないから、というようなことも書いていましたが……。

花田　よく言うよ、と呆れますね。まったく逆のことをしている。

櫻井　ヴァイオリンを弾く義手の少女には、人前で舞台に上がるときに、義手を取りなさいと指示していた。自分の障害を見せなさい、それを売り物にしなさいというようなことを言ったけれども、しかし、少女はそれを拒否したわけです。そして、その少女は、もう「大人なんて信用できない」と決別宣言をする。

ここから、佐村河内氏に対する疑いというものが段々に、漏れていく、拡がっていくことになりました。ある意味、自業自得の結果です。

佐村河内氏による弱者を食い物にするという発想はある意味、日本のメディアにあると思います。弱者に同情するフリをして、実は食い物にし、しかももう一歩先に進んで、それを体制批判に繋げるというようなことがあると感じます。

たとえば慰安婦問題がそうです。

花田　韓国人の元慰安婦のおばあさんたちを引っ張り出してきたのなんて、その典型です。

慰安婦問題も同じ構図

櫻井 二〇一三年、非常に珍しいことに読売新聞が社説〈「慰安婦」像設置　憂うべき米国での「反日」拡大〉で、朝日新聞を名指しで批判しました。

〈そもそもいわゆる従軍慰安婦問題が日韓間の外交問題に浮上したのは、92年のことだ。朝日新聞が「日本軍が慰安所の設置や、従軍慰安婦の募集を監督、統制していた」と報じたのが発端だった。（中略）

記事には、戦時勤労動員の「女子挺身（ていしん）隊」があたかも慰安婦の強制連行であったかのような表現もあり、韓国で反発が強まった。

政府は徹底的に調査したが、日本軍による強制連行を裏付けるような文書は発見できなかった〉（読売新聞二〇一三年八月一日）

つまりは、女子挺身隊の名で朝鮮人女性を強制連行して慰安婦にしたと朝日が誤報を書いた。それによって、慰安婦問題が日韓間の外交問題に発展したと書いたのです。

日本では通常、メディア同士が、批判することは少ないのですが、珍しく読売が朝日を批判したわけです。

この慰安婦問題は、次のような流れです。

一九九一年八月一一日に大阪の朝日の記者、植村隆氏が、署名入りで記事を書いた。〈日中戦争や第二次大戦の際、「女子挺身隊」の名で戦場に連行され、日本軍人相手に売春行為を強いられた「朝鮮人従軍慰安婦」のうち、一人がソウル市内に生存していることがわか〉ったと書いたわけです。記事では匿名になっていますが、この女性は金学順さんと言います。

彼女はその記事の三日後に記者会見をし、後に東京で裁判を起こしますが、記者会見や裁判の訴状の中で、自分は貧しさゆえにキーセンの置屋に身売りされたと言っています。さらに、三年間修業をした後、一七歳のときに、置屋の養父によって中国に連れていかれたとも彼女は言っている。

そもそも女子挺身隊というのは、小学校卒業以上、二〇代前半くらいまでの若い女性の勤労奉仕の人たちのことです。

花田　高等女学校の生徒たちが多かった。

櫻井　それなのに、挺身隊の名で連行された、慰安婦にされたということを、植村さんは書いた。

植村さんは韓国語が上手な方で、奥さんのお母さんがこの慰安婦の人たちを原告にした裁判を推し進めたリーダー的な存在。自分の義理の母が日本政府を相手に裁判を起こす組織の幹部だったのです。

韓国語も上手かった、事情がわからないはずがない。にもかかわらず、「女子挺身隊の名で戦場に連行された慰安婦」と書いた。

その後、朝日新聞は社説などでそれを書き、信用度を広げていき、やがてこれが、「日本は一〇代の若い子供たち、勤労奉仕の子供たちを、強制連行して慰安婦にしたのだ」という誤解が広まったというのが、読売の指摘です。

花田　それが慰安婦少女像につながっていく。もう一つは、これも朝日新聞ですが、例の吉田清治という男の手記の問題があります。済州島で約二〇〇人の女性たちを駆り立てて、慰安婦にしたという吉田清治の証言を朝日新聞が取り上げた。後にこれは秦郁彦さんなどの研究で全くのデタラメだということが分かりました。しかし朝日新聞はその後も何度もそれを報じた。

櫻井　吉田清治の「自分は済州島に渡って、強制連行した」という手記を読んだ韓国の済州新聞の許栄善記者はその真実を確かめようと自分で取材しました。

実際にその村に行ってみて、おじいさんやおばあさんに、「あなたの村の娘は連れて行かれたか」と聞いたら、「それはない」という。「こんな小さな村で一人でも連れて行かれたら大変なことになる。住民の記憶に残っているはずだが、そんなことはない」ということでした。

吉田清治の話がまったくのデタラメであったことを、済州島の地元新聞の女性記者が突きとめて書いたにもかかわらず、朝日新聞は知らん顔をして、頬被りをして、吉田清治の証言を正しいものとして報じ続けた。これは本当に酷い話です。

花田　デタラメとわかってからも訂正したりすることは、一回もなかったわけです（編集註／二〇一四年一二月二二日時点、同年八月五日、六日にようやく一部訂正）。ジャーナリストとして誠実ではない。

人間は誰しも間違いをしでかす。間違ったときは訂正してお詫びすればよいのです。それをやってこなかった。

それは岩波書店による渡嘉敷《とかしき》島の集団自決問題に関しても同じです。

いまだに版を重ねる『沖縄ノート』

櫻井　大江健三郎さんが『沖縄ノート』（岩波書店）に書いた沖縄の住民による集団自決の問題ですね。梅澤裕《ゆたか》さんや赤松嘉次《よしつぐ》大尉が、住民に集団自決を命じたという。でも現地で取材すると、事実はまったく違った。「集団自決をしたいから手榴弾をください」と言ったら、梅澤さんは、「何を言うのだ、我々日本軍人は国民を守るためにやっているのだから、そんな死ぬなんてことを言っちゃいけない。あっちのほうへ行けば食糧もあるから」と言ったといいます。

花田　手榴弾をくれと言ったのは民間人ですからね。

櫻井　そう。だから、梅澤さんは「山の向こう側に避難して、そこに隠れていなさい」と言って住民たちを返した。私はこうした話を梅澤さんに幾度か、聞きました。しかし戦後、軍人恩給などに匹敵するものをもらいたいという、生活のために、地元の人が集団自決を強いられたということを言いはじめた。

花田　役所の人がそうしなさいと勧めたのです。赤松大尉や梅澤さんも、それが地元の人のためになるのならと同情して、当時はそれを認めたわけです。

櫻井　その結果、軍人としては非常に不本意な、「あり得ないことをした」という汚名を着せられたわけです。しかし「そういうふうにしておけば、この人たちは戦後、暮らしていける」というういわば犠牲心があったわけでしょう。

花田　そうなのです。それで認めていたわけですね。しかしそれを、大江さんが、現場へも行かず、沖縄の那覇で沖縄タイムスの記者か誰かの話を聞いて、『沖縄ノート』に書いた。それはまったくのデタラメでした。

後に曽野綾子さんが渡嘉敷島にも行って取材をし、証言をとって、『沖縄ノート』の記述はおかしいですよと指摘しました。それは『ある神話の背景』（現在は『沖縄戦・渡嘉敷島「集団自決」の真実』と改題してWACから刊行）という本にまとめ、同じ世代の作家なので、大江さんに電話をしたのです。

そして「私が現地に行って調べたら、こういう資料がありました。だからこれを差し上げましょうか」と。すると、大江さんはいきなりガチャンと電話を切った。これだけでぼくは大江さんという作家が何を言おうと信用できません。すごく不誠実です。

同じく岩波書店も不誠実です。まともな編集者なら、「おかしい」ということがわかる。大江さんは取材をしておらず、曽野さんは取材をしているわけですから、両方を読み比べれば、どちらの言い分が正しいかわかるわけです。けれど、いまだに、その『沖縄ノート』は重版して売っています。

ぼくはこういう、不誠実なのがいちばん嫌ですね。間違いは仕方ない。だから間違ったら、謝って訂正を出す。それは朝日も岩波も、NHKも、事実がはっきりした時点でやってもらわなければならないと思います。

被害者を実態以上の被害者に

櫻井　岩波も朝日もNHKも、弱者を必要以上に弱者、被害者を実態以上に被害者にして、それによって自分たちが考える報道へと導く手法を取りがちです。

朝日の慰安婦報道や岩波の集団自決問題には、日本軍や日本政府を非難する目的があるのかと思ってしまいます。つまり自分たちのイデオロギーのために、弱者としての犠牲者がいたら、その犠牲を拡大して伝える。たとえそれが事実と違っていても。

花田　そういう部分が日本のジャーナリズムにはありますね。日本人がそのようなものを好むということもあるかもしれませんが、そこに迎合するところがある。ジャーナリズムはもっと冷静に物事を見て判断してほしいと思いますし、しなければなりません。

櫻井　全体像を見せることが必要ですね。たしかに犠牲もあったが、他の面もありましたと、出来得る限り全体像を示していかなければならない。

花田　「従軍慰安婦」もそうですね。千田夏光という元毎日新聞記者がフィクションとして書いたのを朝日が広めた。

櫻井　「従軍慰安婦」という言葉もなかったのです。

花田　そうそう、これも「強制連行」のイメージを植え付けるための言葉だと思いますから、「従軍慰安婦」は朝日が好んで使った言葉としてカッコつきで言う必要がありますね。そもそも慰安婦は、日本人の女性のほうが多いわけでしょう。約二万人と言われていますが、その多くは日本人です。

櫻井　圧倒的に多いですね。

花田　韓国人の女性は日本人より少なかったとも言われている。しかし、日本人の女性で、「私は慰安婦でした」と名乗り出た人は一部の例外を除き、いません。韓国でも、朝日の〝スクープ〟の前までは、彼女たちは割と冷たい目で見られて、田舎でひっそりと暮らしていた。わざわざそういう老女たちを探し出してきた。

櫻井　日本人もそれに加担し、というより、むしろ日本人が騒ぎ出しました。

花田　彼女たちからすれば、それまではひっそり暮らしていたのが、光を浴びて、チヤホヤされれば、おばあちゃんだから、嬉しいということもあるでしょう。そういう人たちを利用するわけですから、実にけしからん話です。

櫻井　誰も好んで慰安婦になったという人はいないでしょう。そのような境遇に立たされたということは、本当に同情すべきことで、お気の毒です。この点について、日本人も韓国人もない。本当に心のいたむことです。しかし、かといって、挺身隊と慰安婦というまったく別の存在を一緒にして、「奴隷」という真実ではないことを喧伝するのはメディアとしてやはりおかしい。

花田　韓国側、あるいは中国側が言うのは、色々な思惑があって言うのだからまだわかりますが、そこに日本のメディアが迎合し、韓国・中国のメディアとキャッチボールをするのですからね。

その大メディアの報道を批判するのは、やはり雑誌メディアくらいしかありません。

櫻井　佐村河内氏の問題も、『週刊文春』が報じて初めて、大メディアが皆、謝ったわけです。

雑誌メディアが批判しなければ、本当に新聞やテレビは自己検証しません。

花田　『ニュースウオッチ9』では、文春のスクープの後、冒頭に大越健介さんが謝りましたが、あんなことは稀有《けう》です。そして今回、珍しく謝罪はしましたが、NHKは『週刊文春』の取材にいまだに応じない。きちんと応じて事情を説明し、間違ったことを「こういうふうに間違った」と答えるべきではないでしょうか。

『ニュースウオッチ9』のお粗末な報道

櫻井　『ニュースウオッチ9』は、公共放送であるNHKの看板ニュース番組ですからね。

しかし、それにしては『ニュースウオッチ9』は物事の全体像を伝えず、とても偏っていると感ずることが少なくありません。とりわけ沖縄報道は本当に偏っている。私はこれまで何回か『週刊新潮』などの雑誌で、『ニュースウオッチ9』を批判しました。大越さんはニュースキャスターとしての役割を果たしていないのではないか、とも書きました。

たとえばオスプレイに関する報道です。「オスプレイが危ない、危ない」「現地は反対ばかり」だという報道が目立ちます。現地にレポーターを出すわけですが、そのレポーターが、まるで民放のワイドショーのレポートのようなのです。これが国民から受信料を払ってもらって報じるニュース番組のレポーターかと思うくらい、緩いレポートをしていました。

「皆が反対しています、もの凄い人が集まっています」というような現場報告なのですが、映像を見ると、そこでデモをしている人は少なくて、スカスカなのです。

花田　同じようなことはよく新聞でもやっていますね。原発反対というデモだと、一〇人くらいのデモでも写真入りで大きく取り上げたりする。自分のところの主張に合うデモは小規模でも取り上げる。主張の異なるデモならもっと参加者が多くても取り上げません。

櫻井　オスプレイの報道では、大越さんらはオスプレイの性能を古いタイプの輸送機と比べることをせず、ただ危ない、騒音がひどい、事故率がどうだとだけ報じている。科学的に、いま使っている古いタイプの輸送機との事故率を比べると、オスプレイのほうがうんと低いわけです。輸送容量も輸送距離も全然オスプレイが勝っているわけです。その性能比較を、ほとんどしないで、感情に訴え、「危ない危ない」という。番組主役の大越さんが現地に行って、「危ない危ない」ばかりのレポートをしている。

これではやはり、全体像を見せることにはなりません。

もう一つ、日本が置かれている現実、中国の脅威が目の前にあるわけです。この脅威に、どう対抗して、あの沖縄を、尖閣を守るのか、東シナ海を守るのかということが、全然、報じられません。悪いのは日本政府、安倍政権、防衛省、米軍。こういった発想でしかない。中国が脅威をもたらしていることや緊張を生み出していることには触れようとしない。これはどうしたらよいのでしょう。

花田　デモをカメラで撮って、デモしている人たちに意見を聞いても、答えは決まっているではないですか。実にくだらない。沖縄に行って取材をするなら、むしろデモ以外の色々な場所に行って、沖縄の人たちの本音を聞くのがジャーナリズムではないでしょうか。

櫻井　特定秘密保護法の問題も同じです。他国には、皆、秘密を保護する法律はある。日本にないのが異常だということを、報じない。

朝日新聞も毎日新聞も、憲法を骨抜きにする愚かな法律だとか、民主主義は後退させないぞと言い続けます。アメリカでもイギリスでも、マレーシアでもシンガポールでも、中国でもいいですが、秘密保護法のような法律を、他のほとんどの国が持っていて、日本が持っていないのはどういうことですか、という問いかけをしない。

読売と産経は、これは国家の安全保障戦略の深化につながります、つなげなければいけませんよと言っている。産経は適正に運営しなさい、知る権利との両立を忘れないでと言っています。

花田　まともです。しかし、もっと厳しく朝日を批判しろと言いたい。

櫻井　朝日と毎日は非現実的で、観念の世界に遊んでいる社説です。

花田　朝日と毎日は本当におかしい。

『報道ステーション』こそが放送法違反ではないか

櫻井　花田さんも、ＮＨＫについて、もっと言いたいことがあるのではないですか。

花田　籾井勝人会長の就任会見の問題、それから経営委員になられた百田尚樹さんと長谷川三千子さんへの批判がありました。根本問題として、籾井さんの会長就任の初会見で、なぜ、慰安婦問題について聞かなければならないのかと思いますね。毎日か何かの記者が、しつこく聞いたわけです。

櫻井　あの発言を引き出そうという、元々の狙いがあったわけでしょう。

花田　そうです。それにまんまと、引っかかるほうも、用心が足りなかったといえば足りなかったのですが、いままでは普通の企業の経営幹部をしていたので、ああいう記者会見にも慣れていない。いままでは、経済記者とのつきあいがほとんどでしょうから、あの会見に集まったような社会部的な記者とのつきあいはない。そこで、どのようなことを聞かれるかなどというのは、普通の人はわかりません。

慰安婦問題についても、彼は当初からものすごく用心深く、回答を断っているのです。けれどあまりにしつこく聞かれて、では「会長としてではなく」と断った上で、話をした。わざわざ前提をおいて話したのです。

しかし、記者に、これは会長会見の場だから、そんなことは認められないと言われたので、では取り消しますよと、その場で取り消した。すると、取り消しは認められませんといって書かれたわけです。完全にひっかけです。そういう取材を何のためにするのかなと思います。

もし、あの会見で籾井会長が「慰安婦問題は韓国の言うとおりだ、日本は謝らなければいけない」と言ったら、どういう報道をしていたのかなと思いますね。

櫻井　放送法第四条は、次のように書かれています。

〈第四条　放送事業者は、国内放送及び内外放送（以下「国内放送等」という。）の放送番組の編集に当たつては、次の各号の定めるところによらなければならない。

一　公安及び善良な風俗を害しないこと。

二　政治的に公平であること。

三　報道は事実をまげないですること。

四　意見が対立している問題については、できるだけ多くの角度から論点を明らかにすること。〉

「政治的に公平であること」とあります。これは番組の「編集にあたつて」なのです。事実を曲げてはいけない、多くの意見を多くの角度から出しなさいと。番組をつくるとき、実際の編集をするときにきちんとそれをやればいいのです。そこで会長や経営委員が個人的にどう思っているか聞いても仕方がないでしょう。

花田　百田さんや長谷川さんなどの経営委員が番組をつくるわけではないですから

ね。経営委員には色々な意見を持った人がいていい。ＮＨＫの経営に、大所高所から意見を言えばよいわけです。別に番組の編集に口を出すわけではありません。

櫻井　このことを朝日も毎日も批判していますが、たとえば古舘伊知郎さんの番組、『報道ステーション』は取り上げるテーマのほとんどに、朝日の考えだと思われることを反映させていると言っても過剰ではない。

花田　それこそが本当は放送法違反なのです。

櫻井　そのとおりですね。

花田　『報道ステーション』に朝日の論説委員である恵村順一郎氏が出て、朝日の路線に沿って発言し、ＴＢＳに毎日新聞特別編集委員の岸井成格さんが出て、毎日の路線に沿って話をする。これは報道の中立でも何でもないわけです。

櫻井　朝日も毎日もグループとして、自分たちの主義主張をテレビ番組に反映させるところまでは許容できます。その一方で、自分たちの考え方とは、反対の考え方も塩梅よく入れているかといえば、決してそうではない。そこが問題でしょう。仮にも公共のメディアなのですから。

放送事業者のあるべき姿に照らし合わせれば、どう考えても一方的に偏っていると見えます。そういったことは全部棚に上げて、籾井さんたちを批判するのはおかしい。

花田　ジャーナリストの山際澄夫さんが二〇一三年末に、テレビ朝日の『朝まで生テレビ』に呼ばれたら、秘密保護法賛成派は山際さんしかいなかったといいます。あとはほとんど反対派の人員構成であったと。

櫻井　多勢に無勢だったわけですね。西岡力さんも同じ番組でかつて、同じように多勢に無勢だったそうです。

花田　そういうことをやる。本当は五対五とか、公平にやらなければいけない、せめて六対四くらいでなければ、おかしいでしょう。

雑誌メディアが批判するしかない

櫻井　このように、ちょっと一方に偏っていて、全体像をまず見ない、自分たちのイデオロギーに従って番組をつくりがちな現場は、テレビにも新聞にもあります。が、私たちは、文句を言っているだけでは駄目なので、どうすればきちんとした公正な報道に近づけていけるかについてお話ししましょう。

花田　日本のメディアは相互批判が少ないわけですから、テレビはテレビ同士で批判しないし、新聞もお互いに批判し合うことは少ない。最近でこそ朝日と産経、読売がやりあったりしていますが。前にも言いましたが、だから第三者として、雑誌がそういう役割を担っています。

しかし、多勢に無勢というか、八〇〇万部、一千万部の大メディアに、せいぜい五〇万～六〇万部の雑誌では、かなわない。放送はもっと桁違いの視聴者がいるわけで、訴える力が強いですから。それでも、やはり第三者が批判を続けていくしかありません。

恥ずかしい話ですが、今度『WiLL』で、ある番組に対してお詫びを出しました。番組批判の記事で、番組内のある発言を掲載したのですが、そういう発言は実際にはなかったという抗議があったのです。チェックすると、確かにそういう発言はなかった。ネット上にはたくさん出回っていた番組内の発言が、デタラメだったのです。だから、謝るしかないし、謝りました。

少なくとも『WiLL』は、お詫びを出すわけです。しかし、テレビや、朝日などは、あれだけの大誤報をしながら、なかなか認めず、謝らない。あるいは岩波書店が絶版にすべき大江健三郎の『沖縄ノート』をいまだに出し続けている。それはやはりおかしいと思います。これは、雑誌メディアが、しつこく言っていかないと、駄目でしょう。言っても言ってもなかなか変わりませんし、もう何十年も言い続けているわけですが、それでも、言い続けるしかありません。

たとえば百人斬りの件も同じです。百人斬りについても、山本七平さんや鈴木明さんが四〇年も前に、あれはまったくなかった話、戦争中の戦意高揚のために書いたでっち上げとすでに指摘している。

これに関して、『文藝春秋』はさすがだと思ったのは、小さいコラムですけれど、戦争中にあれを「与太話」とちゃんと書いている。

でもいまだにまだ百人斬りが事実のごとく報じられている。

櫻井 戦争中に『文藝春秋』は、「百人斬りは与太話だ」と書いた。当時の人はある種の与太話と知りながらも、戦意高揚のための宣伝記事だと思って見ていたのでしょうか。

花田 一般の読者は信じていたかもしれない。信じていた読者も多いでしょう。だけど、然るべき人は、おかしいなと思っていたわけです。そして戦後、いまから四〇年も前に、山本七平さんや鈴木明さんが検証をして、嘘だ、デタラメだということを証明した。誰が読んでも、お二人の主張のほうが正しいとわかるものです。

櫻井　私も野田（毅）、向井（敏明）両少尉の「百人斬り」裁判の経過を読みました。あのときの行軍の仕方も読みましたが、行軍というのは本当に大変なことです。

言葉は悪いですが、そこで百人斬っていく暇というのは、ありません。また野田少尉は大隊副官として作戦命令の伝達などで忙しく、向井少尉も歩兵砲の小隊長で、戦闘中は距離を測ったり射撃命令を出したりで忙しく、百人斬りなどできないということを、現地にいた従軍カメラマンが証言しています。これは阿羅健一さんの書いた『「南京事件」日本人48人の証言』（小学館文庫）にみんな書いています。しかも百人を刀で斬るというのでしょう？　刀で百人斬るなどということはできませんね。

花田　当時は、なまくら刀ですから。

櫻井　不可能。

花田　それを山本七平さんなんかがハッキリ書いていて、わかっているのに、いまだに毎日新聞は訂正もしない。訂正することは、なんら恥ずかしいことでは……、いや、恥ずかしいかもしれませんが、ジャーナリズムとしては必要なことではないですか。

櫻井　ジャーナリズムとしては必要なことですね。一方、日本人として、日本国の歩んできた歴史を記録するという意味でも必要でしょう。一人ひとりの兵隊さんや庶民が、どのように行動したかを記録するという意味において、そのようなあまりにも酷い間違いというのは、国民に対する許し難い裏切りだと感じます。

朝日による慰安婦問題の裏切りに関しても、先人たちに対してどう申し訳したらよいのか、これから何十年も、未来の日本人が、どれだけ貶められるかということを考えると、きつい言い方ではありますが、万死に値するような罪だと思います。

花田　それはそうです。

櫻井　にもかかわらず、頑として訂正しない（編集註／二〇一四年二月二一日時点、同年八月五日、六日にようやく一部訂正）。

「悪い新聞」は読まないという選択

花田　古い記者、もう亡くなった方は仕方がない。けれど現在、毎日なり朝日の若い記者は、慰安婦問題や百人斬り問題、それを報道した責任についてどう思っているのかと不思議でならないのです。

元毎日新聞の三宅久之さんに聞いたことがあります。そうしたら、「あんなのはデタラメとわかっていて、社内でもそういう話をしてたよ」と言っていらした。

だから、毎日の然るべき記者たち一〇〇人くらいにどう思うのかとアンケートを出した。ですが、誰一人、回答はない。

櫻井　朝日にはお出しになった？

花田　朝日にも「従軍慰安婦」問題についてOB含め一〇〇人ほどに返信用封筒同封で出したのですが、返ってきたのは断りも含め二、三通でした。

櫻井　朝日にも若い、きちんとした記者がたくさんいるはずです。

花田　それは絶対にいるのです。そういう人たちが、やはりきちんと訂正するなり、お詫びするなりしていかないと、彼らは、この先、きちんとした報道ができません。そんなのがいつまでも頭の上に残っていたらできないでしょう。あらぬ汚名を人に着せて、事実を曲げて、どういう気持ちでジャーナリストをやっているのかなと思いますよ。

櫻井　事実こそ、いまの日本人と日本国にとって、一番強い味方だと思います。なぜなら、戦後の日本は謝ってきた、他国による非難を受け容れてきた。心の中では、必ずしも中韓などの言うことは、事実ではないけれども、負けたから仕方がないと思って、じっと我慢してきた。日本は事実の捏造はしていない。事実の捏造は、中韓の専売特許みたいになっているのです。

ですから、いまこそ若い人たちのためにも事実を明らかにしていくことが大事だと思います。

花田　これは本当にこのままにしておくと、子々孫々に祟るのです。

櫻井　だからメディアの責任は非常に大きい。放送に関しては、必要とされれば、必ずその番組を提供しなさいというルールをつくらなければなりません。

花田　櫻井さん、提案してくださいよ。

櫻井　一緒に提案しましょう。

それと、私はよい新聞は読みましょう、悪い新聞は取るのをやめましょうと言いたい。国民に嘘をついて、国民を貶め、日本を貶めるような新聞を、なぜ何千円も払って読まなければいけないのか。

私は仕事で必要だから読みますが、これが仕事でなければ、どの新聞とは言いませんが、ご想像して頂ければわかるかと思いますが、取りません。

花田　私も、一応、全紙取ってます。産経は二部取っている。ところが、私の先輩の『文藝春秋』編集長だった堤　堯《つつみぎよう》さんは、朝日を取ってない。時々、「これについて『朝日』がどう論じているのか、コピーを送ってくれ」とか言ってくる（笑）。そこまで徹底すれば、それはそれでよいとは思いますが。元産経の石井英夫さんもやめたそうですね。

櫻井　私たちは仕事で必要なので読みますが、わざわざ自分たちのイデオロギーのために、事実を曲げるような新聞は読まないという選択肢は、一般の方にはありますね。

（二〇一四年二月二一日放送）

第3章

「けちな正義」の暴走

西尾幹二×花田紀凱

西尾幹二（にしお・かんじ　評論家）

1935年東京生まれ。東京大学文学部独文科卒業。同大学大学院文学修士。文学博士。

近著に、『アメリカと中国はどう日本を「侵略」するのか』（KKベストセラーズ）、代表作に『ヨーロッパの個人主義』『ニーチェとの対話』（以上、講談社現代新書）、『ニーチェ』（中央公論）、『全体主義の呪い』『わたしの昭和史　少年篇　1、2』『天皇と原爆』（以上、新潮社）、『異なる悲劇　日本とドイツ』『決定版　国民の歴史　上下』『江戸のダイナミズム』『真贋の洞察』（以上、文藝春秋）、『GHQ焚書図書開封1～10』（徳間書店）、訳書にニーチェ『この人を見よ』（新潮文庫）、ショーペンハウアー『意志と表象としての世界　1～3』（中公クラシックス）など著書多数。国書刊行会より『西尾幹二全集』（全22巻）が刊行中。

「朝日」は世界中の戦時売春を告発するがよい！

花田 朝日新聞が「慰安婦」誤報問題で二〇一四年八月五日、六日と、検証記事を出しました。九月一一日には木村伊量《ただかず》社長（当時）が記者会見して一応詫び、その後辞任しました。まだ問題は噴出していますが、西尾先生はどうご覧になっていますか。

西尾 官憲による「強制連行」こそがこの問題のすべてで、もし「強制連行」がなかったとなれば、慰安婦問題は、「問題」でなくなるのです。なぜならば、世界中の売春一般の問題と同じレベル、共通の問題になってしまいますから。「強制連行」がないとなれば、残っているのは売春問題であって、もはや日本政府が特段に非難されるいわれはないのです。日本政府が責任を問われた慰安婦問題は即、消えてなくなります。

花田 朝日新聞は二〇一四年九月二六日の紙面で、朝日新聞紙面審議会の委員四人による今回の問題へのコメントを紹介しましたが、例えば文芸評論家の斎藤美奈子氏や北海道大学准教授の中島岳志氏などは、次のようなことを言っています。

〈いま何より必要なのは、戦時性暴力に対する国際的な視野の中で慰安婦問題を検証することだ〉（斎藤氏）

花田紀凱

〈慰安婦問題の本質は、強制連行の有無ではなく、戦時下での性暴力・人権問題にある、という朝日のスタンスは間違っていない〉（中島氏）

西尾　ハハハ（笑）。

花田　必ずこう言って問題をすり替えるのです。

西尾　いや、結構でしょう。私は大いに結構だと思いますよ。朝日新聞は、どうか世界中の性暴力、戦時売春を研究して、そして軍の衛生管理の問題、例えばいま、アメリカがアフガニスタンの米兵にフィリピンの女性をいかにあてがっているかなど、どうぞ調査、研究し告発してくださいと申し上げる。

ベトナム戦争の際、韓国がベトナムでどん

西尾幹二

なに残虐なことをやってきたか。その中に性暴力がどれほど無数にあったか。一九三〇年代の日本の慰安婦など、比較にならないほどです。それらをどうぞ、大いに研究してください。朝日新聞は人類のために闘ってくれと申し上げたいですね。

私は私たちはだから免罪だというのではありません。日本一国の問題はもうないというのです。そのことが分からない斎藤さんや中島さんは、知能はある人だが、知性がない。

花田　ですが、事ここに至っても朝日を擁護する側は、必ずこう言うのです。女性の人権はどうしてくれる。戦時性暴力。

西尾　最後に残った問題は、女性の人権問題だと言いたいのですね。それはそうでしょう。私だって、悲しい、不幸な人たちがいたことは否定しません。ですが、特段に日本政府だけが非難される話ではない。人類一般の問題として、朝日新聞よ、これから永遠に大議論をしてくださいと申し上げたい。

花田　我々の疑問は、なぜ日本だけがいま、七〇年も前のことで非難されなければならないのかということです。同様なことは現代でも盛んに行われている。韓国駐留の米軍のための施設は今でもあります。女性の人権というのなら、現代の問題に取り組めと言いたい。

西尾　現代の問題というより、慰安婦問題は一九九〇年代以後の特殊な政治環境で生まれた事件と言えます。中国と韓国の特殊な位置、そして、アメリカが不思議なことににわかにここにきて彼らに寄り添って、怪しげな動きをしている。

そして他の国はそれを、ニタニタ見ている。日本をいじめるのにちょうど都合がいいぞと。ドイツのごときは自分が一〇〇倍もすごい、悪魔的なことをやっておきながら、日本が戦争時代のことで非難されることは大いにありがたいので、溜飲を下げている。

日本だけが包囲されているのですから、それを突破するのは日本民族自らでしかない。そして、私は何もことさら問題がなかったと言っているわけではない。「比類なく日本だけが罪深い」といわれるのはおかしいと言っているのです。

花田　我々はみなそう言っているのです。ある意味、日本ぐらいこの問題にきちんと向き合ってきた国は他にありません。

西尾　大事なのは公平性の問題です。非難するのなら、世界各国で互いに公平に判断すべきです。そうすれば世界の中で日本の慰安婦問題は恐らく、一〇〇番目にも二〇〇番目にも入らないくらいの事件ですよ。それをきちんと胸を張って言いなさいということです。外務省よ、何をやっているのだと。

朝日の「ドイツを見習え、個人補償」論

花田　そもそもこの問題はどうして出てきたのでしょうか。

西尾　基本的には、この話はドイツとの比較から起こったのです。一九九三、九四年ですから、宮沢喜一内閣末期のころです。二〇年以上前ですが、あのころ不思議なことに、次のようなことが言われました。

日本は多額の賠償金を支払っている。しかし、賠償はフィリピンではマルコス大統

領がもらってしまったり、インドネシアではダムが造られたりして、一人も被害者は救われていない。それに対してドイツは個人への補償をしている。その金額は七兆円に及ぶ、と。

これが日本人の劣等感になったのです。焚きつけたのは、日弁連（日本弁護士連合会）だと噂に聞いています。それで「個人補償！」「個人補償！」「個人補償！」と言い立てて、宮沢総理の次の細川護煕《もりひろ》総理は「ドイツが七兆円だったら、日本も一兆円ぐらいは個人補償すべきだ」などと、どんぶり勘定の発言をしました。

阿呆な話で、「日本はまだ償いをしていない」という、劣等感をかき立てるような言論が起こった。そのとき、不思議なことに、「従軍慰安婦」という概念がふわっと浮かび上がったのです。「個人補償」の丁度いい対象ですからね。

花田　突然、出てきたのですね。

西尾　「従軍慰安婦」の出現については、もっと検証する必要があるけれども、間違いなく「ドイツを見習え、個人補償」論と連動して、「ドイツはよくやっている、日本は駄目だ」式の言論が起きたのです。とりわけ朝日新聞は、大キャンペーンを展開し続け、日本非難を加速させていきました。例えば一九九三年二月二七日の記事はこう書かれています。

〈近隣諸国との関係を語る際、今なお「過去」の清算の不十分さが指摘される日本とドイツの相違は大きい。それは外交基盤の強弱にもつながっている〉

また、九三年九月四日の記事はこうです。

〈日本では戦後、戦争を引き起こした責任者も、徴兵された国民も、皆が反省する、という「一億総ざんげ」論がはびこった。その結果、かえって戦争責任をどう償うべきかの追及はあいまいになった。

ドイツは旧西独時代以来、ユダヤ人虐殺などへの個人補償だけでも、円換算で総額約六兆円を支払ってきている。日本がアジア諸国に払った賠償・準賠償はざっと六千億円〉

日本の国民の大部分は、こうした記事を読んで、ドイツは「個人補償だけでも」日本の一〇倍の補償をしている、と読み誤りました。ドイツは日本と同じように国家賠償を済ませたあとで、さらに手厚い、より行き届いた人道的措置としての「個人補償」を追加したのだと誤解したのです。

ですが、ドイツと日本は全く事情が異なる。私はこうした「ドイツ見習え論」は間違いであるとして、闘いました。

なぜ、ドイツが個人補償に走らざるを得なかったか。理由の一つは、敗戦でドイツという国がなくなってしまったため、国家賠償ができなかったことです。ドイツは国がなくなっただけではなく、東西ドイツに分かれたため責任の所在が不明だったこともありました。

もう一つの理由は、凄まじいナチスの犯罪というものが露骨に存在しましたから、国家が民族としての罪を背負うのでは、とてもではないがドイツ民族はこの先生きていけないと、ドイツ人は論理的にたちまち一斉に自己防衛したということです。

あの凄まじいナチスの犯罪を、かいつまんで言いますと、六〇〇万人のユダヤ人の集団殺戮《さつりく》。二〇〇万人のポーランド知識人、あるいはそれを上回る旧ソ連人の虐殺。五〇万人のジプシーの殺害。大量の人体実験、占領地広域の不妊断種手術、障害者や病人の安楽死政策、外国からの約二〇万人の美少年、美少女の拉致とドイツ民族化……。

信じられないような、鳥肌が立つ巨悪を前にして、ナチスによる管理売春問題があったとしても、いかにそれが完璧で、非人間的で、悪辣《あくらつ》であっても、ドイツの「悪」

の中には入ってこなくなったのです。あまりにもほかが凄まじいからです。
そういう構造の中でドイツ民族は、民族の罪、国家の罪ということを認めると生きていけなくなるものですから、「あれは個人の犯罪だ」とした。すなわち「ヒットラー以下、一部のナチ党幹部がやったことであり、ドイツ民族は無罪だ」としなければ戦後ドイツの国家体制は成り立たなかった。憲法にも、ドイツ人はナチスの被害者であると書いてあるのですから。しかし、そんな馬鹿なことはないのです。ドイツ人はナチスを……。

花田　選挙で選んだ。一九三二年に第一党になった。

西尾　選挙で選んだだけでなく、ナチ協力者が約二〇〇〇万人、戦後ドイツ社会に罪も問われずそのまま継承されたのです。だから、間違っても「俺たちとは無関係だ」などとは言えないのですが、無関係と言わなければならない。初代ホイス大統領からヴァイツゼッカー大統領を経てヘルツォーク大統領、ガウク現大統領に至るまで、ドイツは一貫してドイツ民族の「集団の罪」を否認する立場を貫いています。

花田　日本とは全く異なりますね。

ドイツが個人補償をする理由

西尾　ドイツは「集団に罪はない、個人の罪だ。罪というのはそもそも宗教的な次元でも個人の問題だ」とすり替えた。従ってヒットラー以下、党幹部には責任があるけれども、国家としての道徳的責任はないとしたのです。

それではどうするか。「政治的責任は負う」とした。つまり、お金を払うということです。しかし、「集団の罪」はないから「国家賠償」はしない。「国家」によって賠償や補償をしたら、国家が罪を犯したことを認めてしまうことになるからです。そしてそもそもドイツ国家そのものが戦後は存在しないのです。

そのなかで、西ドイツはどういう対応をしたか。「個人補償」という非常手段がとられました。それは、生き残っているユダヤ人やナチ犯罪の犠牲者に対してです。死んでしまった者には何もしない。生き残った人への補償が、七兆円にも及んでいるということです。

以上の経緯から分かるように、全く次元を異にし、意味も背景も異なる日本が、ドイツを真似る理由は、何もない。

ドイツは、国家がなかったから「国家賠償」ができないだけでなく、旧交戦国といまだに講和を結んでいないのですよ。これが大問題です。だから、いまでもギリシャやイタリアから国家賠償を要求されていますが、ドイツは頑として受け入れない。つまりは「個人補償」が「国家賠償」よりも道徳的に優位に立つなどということはあり得ないのです。

では東ドイツはどういう態度だったかというと、彼ら曰く、東ドイツは「ファシズムを克服した国」であって、一切の責任はないというのです。「あれはナチ党の残党を抱えた西ドイツの責任だ」と。もちろん、そんな阿呆なことはないのですが、東ドイツはそういう議論で押し通してきた。そしてそれをソ連グループが支持しましたから、西ドイツだけが七兆円ものお金を出して補償した。だから西ドイツ国民はそれを怨みに思って、統一後も旧東ドイツに対して素直な気持ちになれない理由の一つになっている。

もう一つ日本人に絶対に知っておいてもらいたいことは、なぜフランスとドイツが仲よくしていられるのかということです。あるいは、ヨーロッパでドイツがあれだけのことをやっておきながら、なぜその程度で許されているのか。

それは、ユダヤ人に対する犯罪はドイツだけでなく汎ヨーロッパ的だからなのです。どの国も「共犯者」であり、無罪の国は一つもない。過去の歴史で、フランスもスイスもイタリアもやっている。東ヨーロッパなどはみな、ユダヤ人の虐殺を繰り返している。

ですから、ドイツ人からすれば「俺たちがやったことは確かに規模は大きいかもしれないが、お前たちだってやっていただろう」ということになる。周りが自分たちをとことん追及できないことを知っているのです。

花田 なるほど。

西尾 だから、謝罪のようなスタイルを取って、「これは国家犯罪ではないのだ、個人の犯罪なのだ」と言ったら、ヨーロッパ人はみな認めるのです。諦めている。それが「独仏和解」の真相なのです。お互いに、罪がある。フランスだって過去のユダヤ人に対するやり方はすごいのですから。

花田 互いにすねに傷を持っている。

西尾 そういうことが背景にあります。

そして「慰安婦問題」だけが残った

西尾　ここで話を慰安婦の問題に戻しますと、一九九三、九四年に「ドイツ見習え論」が出たとき、私が反論をがんがん書いたところ、朝日新聞は記者を多数ドイツへ調べに派遣したのです。もちろんドイツに行く前に私の所にも話を聞きに来ました。そうしてドイツに行って調べてみたら、私の言った通りだった。

花田　朝日は記者を派遣したこの調査を基に、九五年元日から一六日まで、「深き淵より　ドイツ発日本」という大型連載を一五回にわたって掲載しましたね（『日本とドイツ　深き淵より』朝日文庫に所収）。

西尾　この連載は最初の二回分、最も重要な冒頭部分で、私の二冊の本『全体主義の呪い』（新潮選書、九三年）と『異なる悲劇　日本とドイツ』（文藝春秋、九四年、のちに文春文庫）の主張に、ほぼ全面的に屈服しています。

少なくとも戦後処理に関しては彼らが考えていたほどそう単純ではなかったこと、ドイツにも裏があること、これまで朝日が聖者のごとく祭り上げてきたヴァイツゼッカー大統領の言葉にも不透明な政治性があることを、最初の二回分で描きだしています。

その上で、日本とドイツの戦後処理は原理を異にしていることを、連載冒頭で次のように説明しています。

〈日独両国の戦後処理は、日本が国に対する「賠償」を基本とし、ドイツは「ナチスの不正」の被害者個人への「補償」を柱にした〉

「ナチスの不正」を持たない日本は「個人補償」が不要なことを言外に表現し、私の年来の主張を裏づけたものです。それから朝日は、「ドイツ見習え論」をぴたっと言わなくなりました。

花田　しかし、不思議なことに、慰安婦問題だけは残った。

西尾　今回もあのときと同じです。我々は「慰安婦問題はもうなくなった」と言っているのですが、朝日は「女性の悲劇はある」と主張します。

同じように、朝日はあの当時、賠償や補償の問題についてドイツと日本ではそのやり方が違うことをやっと認めました。「ドイツ見習え論」ですすめてきた「個人補償」には、もう論理的根拠がないからです。しかし、「従軍慰安婦」の問題が残っているとして今までの議論を引き延ばし、生き残ろうとした。その流れは今回も同じなのです。

花田　うーん、なるほど。

西尾　だんだん問題が狭くなっているのですけれどね。今後は「戦時慰安婦」ではなくて、「世界中の慰安婦」すなわち「女性の悲劇」という話に朝日が拡げるというのであれば、どうぞやってくれと私は言いたくなるのです。

それはともかく、「いぜんとして女性の悲劇はある」というような言葉が無反省にまかり通るのは、一種の全体主義的な言論画一化であって、極めて不寛容な社会のあり方です。一つの意見が支配する社会には、特有の「ペティ・ジャスティス（けちな正義）」が大手をふるってまかり通る。ここが朝日の汚いところなのです。

花田　ペティ・ジャスティス。いい言葉ですね。

西尾　けちな正義。それをいつも過大に言うのです。ペティ・ジャスティスはいまの世の中に瀰漫《びまん》していますが、みなほどほどのところで諦めて、そんなに言いすぎないものです。それをイデオロギッシュに、観念的に、誇大に言うのが朝日新聞なのです。

特に自国や自分の罪を責めることになると突如として野放図で無制限になってペティ・ジャスティスが支配的になり、度が過ぎた自己否定を世界のなかで展開してみせる。これが、戦後の日本の敗戦体験からきた自国の歴史を貶めることに快感を覚えるというパターナイズされた物の見方です。
あの新聞が今回、痛い目に遭《あ》ったのは、大変慶賀すべきことで、ここで撲滅、廃刊してもらわなければ日本は救われません。

朝日の「けちな正義」

花田　それにしても、朝日新聞はなぜ「けちな正義」を振り回すのでしょうか。なぜ、それほど自虐的にならねばならないのか。それで新聞が売れる時代ではないでしょう。

西尾　知能はあるが、知性がないからです。知能はあるのですよ、みな難しい大学を出ているのですから。けれど、物事を識別する判断力がない。

花田　しかし、何千人も記者がいて、全員がそうというわけでもないでしょう。

西尾　だから、上からの圧力でずっとやってきて、体質が全体主義的になったのでしょう。むろん社内には社論を批判する人もたくさんいて、耐えられなくて飛び出した人もいるし、反朝日の本を書いた人もいます。しかし会社全体ではじわじわと社内で圧力がかかって、とうとうこういうことになったのだと思います。

私は、朝日がいずれ社内的に対立が深まって、どっちへ向くのかを見ているのです。つまり、自身のペティ・ジャスティスを否定して、どんどん保守化していく現在の日本社会の風潮に自身を合わせていくのか……。

花田 それはなかなかできないでしょうね。最近出た朝日新聞有志による『朝日新聞日本型組織の崩壊』（文春新書）という新書を読むと社員は改憲派の方が多いと書いてある。しかし紙面には一向反映されません。

西尾 それとも、ますます過激に左へ行くか。左がかって、どんどん左へ行く。どちらかでしょう。どっちにしても、自己破産になるのですが。花田さんは、朝日はどっちへ向くと思いますか。

花田 難しいですね。ただ、急に「右向け右」とはできないでしょう。いまの様子を見ていると、もう大混乱ですから。これが少し落ち着いてどうなるか。しかし新社長に強力なリーダーシップがあるとは思えない。

西尾 社内的に恐らく議論しているでしょうから、いろいろな編集担当者や末端の記者たちを含めて低い声がだんだん大きな声になっていって、一部の社長や幹部だけが取り仕切ることはもうできないと思います。

結局どうなるのか。朝日が生きていくためには、読売、産経に近づくのか。私はそれを期待しますが、読売、産経に近づいてしまったら、ひょっとすると産経より右になったりするかもしれませんよ。なにせ、ペティ・ジャスティスですから。「右がジャスティスだ」となったら、「右向け右」となってしまう。朝日新聞とは、そういう会社なのですよ。だって、戦争中がそうだったのですから。

花田　今度は右に暴走すると（笑）。

西尾　私は花田さんも知っての通り、『GHQ焚書図書開封』（1～10、徳間書店、二〇〇八年～）という仕事をしています。GHQ焚書図書とは、戦後、アメリカの連合国軍総司令部（GHQ）が没収した戦前、戦中の七〇〇〇冊以上の図書のことですが、この中で朝日新聞社から刊行された書物は一四一点ほどで、一番多いのです。

花田　いかに戦争協力に熱心だったかということですね。

西尾　そうです。いかに戦時プロパガンダで生きた新聞だったかということです。ベストスリーは朝日新聞、講談社（八三点）、毎日新聞（八一点）の順です。この三社こそ、その後は戦後民主主義、自虐史観で生きようとしてきた会社です。

私はしみじみ考えるのですが、なぜ朝日がこうなったかということは、罪の意識でそうなったのではなく、戦争にとことん打ちのめされると、敗者は打ちのめした相手の神を自らの神として、それにすり寄っていくことで生きようとする。こういう心理構造だと思うのです。

戦後日本はだいたいそういう傾向があったのですが、だんだん国民がまともになってきて、極端な自己否定の間違いに気がつき、敗者にも正義があることを知るようになり、今までの硬直した生き方を少しずつ捨てようとしています。国民がまともになっていく中で、今まで全面敗北主義でいちばん突出した世界が真っ先におかしくなる。朝日新聞の問題は、そういう事件だとみているのです。

ドイツの凄まじい管理売春

花田　ドイツの慰安婦問題については昔から発言されていますね。

西尾　慰安婦問題について、ドイツ人自身はほとんど考えていません。知られていない。なぜならば、先に述べたようにナチスのことで頭がいっぱいですから、彼らが慰安婦について考えている余裕はないのです。

一般のドイツ人は、自分たちに慰安婦の問題などないとずっと思っていました。

二〇年ほど前、日韓で騒いでいる話がドイツにも伝わってきて、そういえばナチス時代にもあった、あれはどうだったのかとドイツの左翼が騒ぎ出したのです。

日本でも翻訳書が二、三点出ていますが、それ以前の一九七〇年代に、軍事衛生問題研究家のフランツ・ザイドラー著『売春・同性愛・自己毀損――ドイツ衛生指導の諸問題　一九三九―四五年』（一九七七年）という本が出ています。翻訳はされていません。

この本の中で、ドイツで行われていたことが事細かに研究されていますが、それは軍事問題というよりも「衛生問題」でした。というのも、第一次世界大戦のとき、ドイツは約二〇〇万人の性病患者を出して、兵力が落ちたからです。

花田　どの国の軍隊にとっても大問題ですよね。日本軍が慰安婦の検診をするようになったのもそれが原因です。

西尾　その教訓から、第二次世界大戦ではいろいろな知恵を絞って、徹底した管理売春を行ったのです。まず売春の方法としては、司令部、司令官がすべてを取り仕切る。

花田　そういう施設は軍が作ったのですか。

西尾　ふた通りあって、西ヨーロッパ、つまりフランスやオランダでは公娼制度が熟成していたため、ドイツ国防軍は軍の専属施設としてこれを利用し、いわゆる女郎屋の女主人が売春婦の確保に努め、その代わり収入の半分を手にしました。

しかし東方、つまり東ヨーロッパからソ連にかけては、公娼制度がなかったため、前線司令官の命令で、人さらいのような「強制連行」が少なからず行われました。

花田　軍が強制的に集めたりしていたと。

西尾　そうです。ザイドラーの前述の本には、例えば次のように書かれています。

〈若い娘で、労働力投入への呼びかけに応じてドイツに行くのはいやだといって拒んだ者は、二者択一として、国防軍売春宿にしばらく勤務する以外に選択の余地はなかった。ユダヤ女性に対してさえもこの二者択一が提案された。「やるべきことをちゃんとやれば」釈放が保証されるといって強制収容所で募集された女たちが、東部占領地区の売春宿に連れて行かれたか、それとも、ラーヴェンスブリュック強制収容所で売春婦に仕立てられていった女性在監者と同じような運命を辿って、ドイツ国内で使役されるにいたったか、そこははっきりしていない。ただ、彼女らが美人で使いものにさえなれば、アーリア人であろうとセム人であろうと、たいして問題ではな

かったのだ〉

強制連行は当たり前に行われていたのですが、ヘルケ・ザンダーとバーバラ・ヨールが書いた別の本、これは翻訳があり、『1945年・ベルリン解放の真実——戦争・強姦・子ども』（現代書館、一九九六年）にはこう書かれています。

〈連合軍が押収して一九四六年にニュルンベルク裁判に提出されたドイツの記録文書は、恐怖をあおるためにドイツ人征服者が組織的に強姦したことを立証している。ポーランド、ユダヤ、ロシアの女たちが強姦され、多くの場合、むごたらしく殺された。情容赦なく何百人もの少女や女性が迫害され、軍用娼家へ追い込まれ、そこで強制売春に使役された。いわゆる「慰安勤務」である。それが管理的に行われた大量殺人の前段階だったこともしばしばだった〉

こういう凄まじいことが行われたのです。

花田　ザイドラーの本には、西尾さんが著書『歴史を裁く愚かさ　新しい歴史教科書のために』（PHP研究所、一九九七年）に出された訳文によると、パリ大隊本部司令官の衛生指導将校がドイツ兵に対し、「性病にどう立ち向かうか」と通達した書類も紹介されています。これがまたすごいですね。

〈常軌を逸した房事に耽けらぬよう注意せよ！　それはあなたの職務能力を引き下げ、あなたの健康にも良くない。

性病にかかった軍人は勤務不能である。自らの責任で勤務不能になることは、ドイツ軍人たるにふさわしくない！

それゆえ軍管理外の軽佻浮薄な女性との交際は避けよ。彼女らはたいてい性病持ちである！

アルコールは「性病の父」である。……〉

西尾　つまり、第一次大戦の失敗から、兵士を街で遊ばせると危ない、完全に管理したほうがいいということになったのです。特に東ヨーロッパではそうでした。

ドイツは合理的といえば合理的ですが、表も裏もない国です。これが日本だったら、売春婦を買ったといった話は隠れて言ったり、亡くなった小野田寛郎《ひろお》さんが書き残されていたように「ピー」という隠語で呼んだり、あるいは売春婦と結構仲よくなったり、人間的なのですね。

ところがドイツでは、性行為そのものが徹底的に監視されていました。不能も、中断も、全部監視され、記録されていたのです。だからそれは女性の悲劇だけでなく、男性の悲劇でもあるのです。

「強制連行」したドイツ軍

花田　そうすると、ドイツの場合の軍の慰安婦こそ、強制連行し、完全に軍の管理の下にあり、統制性のあるものだったのですね。

西尾　そうです。売春宿は五〇〇もありました。例えば、南イタリアの慰安所は終戦と同時に、ドイツの慰安所から米軍の慰安所へひっくり返った。そして女性もろともアメリカへ移ったそうです。そんな愉快な話もあります。

だから、どこの国でもやっていたのです。どうか朝日新聞、調べて欲しいですね。大いに研究して欲しい。朝日新聞に期待しますよ。世界中の戦時慰安婦がいかにひどく、いかに日本は微笑ましかったかということが、きっと分かるでしょう。

当時は売春宿のおかみがドイツ軍当局に対し、売春宿についての報告を全部、記録して提出しなければならなかったため、そうした書類も残されています。

花田　この書類を見ますと、売春宿が誰によって設立されたかをはじめ、安全保安対策は誰によってなされているか、娼妓《しょうぎ》の数、年齢、娼妓への報酬、誰が娼妓を検査するのか、客の訪問時間は時間的に制限されているかなど、全部答えなければならなかったのですね。

西尾 売春宿の内規もありました。前線司令官の署名があります。

〈この宿は前線司令官の軍事的かつ警察的監督下に置かれる。

許されるものは、軽い地酒のワイン、ビール、ミネラルウォーター、果汁ジュースに限られる。

前線司令官の命令に反する騒音、暴行ならびに違反諸行為は、罰せられる。

この売春宿の女主人（または、その代理）は、緊急時に警察や軍隊の助力を求めることが義務づけられている〉

ですから、売春婦をことごとく「キープ」したのです。これこそまさに、軍が管理し、軍が「人さらい」までやった慰安所運営なのです。特にポーランド、ルーマニア、ウクライナの女性は被害者でした。拉致されたのですから。

ところが、驚くべきことはその先にありました。特に東ヨーロッパからソ連地域で大きな問題だったのですが、そこまでやっても性病を防ぎ切れなかったのです。

しかも、南ウクライナでは、軍が建てた売春宿が、性病の発生源だということが分かって、軍当局はほとほと困り果てたのです。そこで何を考えたかというと、売春宿を軍が管理しても駄目だということで、一般の女性にやらせろと。

花田 え？

西尾 一般の女性に性行為をさせろと。

花田 そんな通達が出たのですか。

西尾 はっきりそれが書けないから、軍事刑罰法典を改定して、被占領地域において強姦を犯したドイツ軍人の処罰が寛大に扱われるよう改められた、とザイドラーは指摘しています。

花田 よく、ソ連の兵士は「強姦型」というか、ドイツへ侵攻したら必ず女性たちを強姦していったと言われていますが、ドイツはそれに近いひどさですね。

西尾 だから、ドイツはベルリンでソ連に復讐されたのです。

話を戻すと、ドイツ軍人に対しては、次のように改められたのです。

〈ドイツ帝国と帝国併合地域の外部に動員されたSS親衛隊ならびに各種警護部隊の構成員に有罪の判決を下すに際しては、強姦罪の量刑に当っては、つねに特別の事情が考慮されなければならない。彼らは特別の事情の下に勤務を果たしているからであ

る〉

戦争がある限りなくならない問題

西尾 さらには、次のような条文もありました。

〈よしんば、強姦犯罪が武器の脅しで行われた場合があったにしても、ただそれだけでは、それは一九三九年十二月五日付の暴力犯罪法規定の、あるいはまた、戦時特別処罰法規定第五条（ａ）の適用をそのまま正当化するものではない。兵たる者は職業上武器を携行し操作する者であり、強姦犯罪に際しそれを使用したからといって――西尾註／「それ」とは「武器」ですよ――、それだけでは彼が暴力犯罪者であるとの烙印をただちに捺されるいわれはない〉

ポーランドやルーマニア、ウクライナ、ロシアの女性をドイツ兵が武器で威嚇して手籠めにし、強姦行為を果たしても、まあ大目に見てやってほしいという公式文書です。このような文書があれば、ドイツ軍事法廷は「運用」次第で、たいていのドイツ兵の性犯罪を無罪放免としてしまったと考えられます。

こうしたことはザイドラーの本に書かれていますが、同じことが、クリスタ・パウルの『ナチズムと強制売春』（明石書店、原書一九九四）にも紹介されています。一九四〇年一〇月一〇日から、国防軍の軍人による強姦は親告罪となった、ともあります。親告罪だと、強姦された女性が訴えなければ罪に問われないので、これでは「相手が兵隊では、どうしようもない」と、ほとんど追及も処罰もされないことになります。

結果、〈ドイツ将兵、ドイツ国防軍の軍人、武装SSの隊員、そしてそのほかの軍機能の担い手たちはポーランドやロシアやフランスなどで何千人もの女性を強姦した。彼らは処罰を恐れる必要がなかった〉（『ナチズムと強制売春』）。

花田 こういうことはドイツのいわゆる左翼側が言い出したことなのですか。

西尾 そうです。

花田 言い出して、結果、どうなっているのですか。

西尾 また静かになっています。世界では、「それは日本の問題だ」ということになっているのですよ。ドイツ内では誰も問題視していません。左派が一時騒いだけれど、それも「日韓で騒いでいるから、俺たちにも何かあったのではないか」という程度だったのです。

でも、戦時中の強姦や虐待は世界中で昔から行われてきたことで、東ヨーロッパなどは年がら年中あったのです。ソ連兵もやっていました。ですから、戦争のたびに繰り返されていた惨劇なのです。それをなくすためには、戦争をなくさなければならない。それは私も賛成で、戦争をなくさなければ、これをなくすことはできないのです。

花田　そうですね。

西尾　兵士の性欲を抑えるなどということは、はなから不可能でしょう。

花田　歴史的にみてもずっとそうでしたから。

西尾　第一現在のアメリカでも、軍内部で激しい強姦事件が起きている。若い兵隊ですからね。

花田　そうなのです。若くて精力のあり余る男性の集団ですからね。性の問題は必ずつきまとう。

西尾　何か方法はないかとドイツが悩んだ結果、これだけ徹底した「管理売春」をやっても、意に反して結果はおかしなことになっている。いま、たどった歴史がすべてを物語っています。

特に、西ヨーロッパではうまくいきましたが、東ヨーロッパ方面では駄目だった。うまくいった西ヨーロッパではその代わり、ノルウェーとオランダでドイツ兵の私生児が一万人ずつ生まれています。

相手の「罪悪」を思いださせる反論

花田　いま先生が言われたようなことを、日本はもっと積極的に発信するべきではないでしょうか。「日本だけではない」と。

西尾　やるべきです。

花田　「性奴隷国家」とまで言われている汚名をそそぐために、今後、日本としては、どういう行動を取ればよいですか。

西尾　カウンターパンチや反論には、常に相手に自分の「罪悪」を思いださせるものがなければ、効き目はありません。日本だけの話をしても、「なんだ」ということになる。

ところで、このような反論について外務省や親米派、私の知人でもどちらかと言えば親米派に言うと、「もう駄目だ。世界の大勢は日本の言うことなど聞いてくれない」

というのです。

例えば、典型的なのは二〇一四年九月一一日、朝日の社長が謝罪会見を開いた直後のテレビ朝日『報道ステーション』で、元外務省欧亜局長の東郷和彦氏が「世界の大勢は狭義の強制性があるかないかについてほとんど関心がない。米世論は、自分の娘がそういう立場に立たされたらどう考えるか、を意識していて、甘言をもって騙されて連れて来られた娘と、トラックにぶちこまれた娘とどう違うのか、という考えになっている」という趣旨のことを語りました。

だから、そうしたことを問題にしても駄目だというのが世界の大勢だという。世界の大勢というのは、彼らにとってはアメリカ世論なのです。

最初から敗北しているのです。でも、だからこそここで反論しなければならない。「自分の娘がそういう立場に立たされたらどう考えるのか」と、いまこそアメリカの世論に向かって言って欲しいのです。娘を持つアメリカ人に向かって、「あなたの父や兄や祖父が、日本で何をしていたか知っていますか」と。「日本には二〇万人くらいの〝性奴隷〟がいました」と。「日本人の女性は誇り高いから、生活が安定したら、もう金をくれなどとひと言も言いませんでした」と。

花田　そういうことを、英語で、発信していかなければならないですよね。例えば有楽町の外国人記者クラブ（日本外国特派員協会）に屯《たむろ》している記者などは、はなから虚心坦懐に聞こうなどという耳を持っていません。こうした連中にアピールするためには、そのくらい強烈なことを言わないと駄目ですよね。

西尾　だが、そういう胆力が、日本の外交官にあるか。

花田　ないでしょう。

西尾　だから駄目なのです。

花田　しかし、これをやらない限り日本の「性奴隷国家」という汚名はそそげません。

西尾　松岡洋右《ようすけ》みたいな外交官が出てこないと、駄目なのですよ。ああいう人物が出てきて、ガガガガーと演説をぶつようでないと。現在の外務省にはとても期待できません。慰安婦だけでなく、南京事件だって言われっぱなしですから。

花田　「次は南京だ」と我々は言っているのですが、なかなかそこに到達しない。

西尾　慰安婦の問題も、何とかここで立ち上がって欲しいのです。しかし遺憾なことに、安倍晋三総理は逃げているではないですか。

花田 まあ、これはいろいろな事情があるでしょう。順番もある。安倍さんも慰安婦問題だけやっているわけにはいきませんしね。

西尾 それは分かりますが、これは逸することのできないテーマですね。

花田 朝日が誤報を認めた今は、ある意味、チャンスですよね。

西尾 それをやらないと、靖国参拝以上に大きな問題になります。

というのは、韓国の態度です。韓国は経済的に苦しくなったので、日本にすり寄りだした。柳興洙《ユフンス》氏という昔、安倍さんのお父さん、安倍晋太郎さんと縁があった人を大使にしたり、森喜朗元総理を引っ張ってきて何かやったり。それで、韓国世論の中にこんな言葉が拡がっているといいます。

〈朴槿恵《パククネ》大統領は、今度はとことん日本をいじめた。これだけいじめたから、日本から戻ってくる金は、いままでの三倍だぞ〉

私は、それは絶対にわたしてはいけない、三倍どころか、びた一文わたしてはいけないと思います。

（二〇一四年一〇月三日放送）

第4章

世論はこうしてつくられる

潮匡人×花田紀凱

潮匡人（うしお・まさと　評論家・軍事ジャーナリスト）
昭和35年（1960年）青森県八戸市生まれ。早稲田大学法学部卒。旧防衛庁・航空自衛隊に入隊。早稲田大学大学院法学研究科博士前期課程修了。第304飛行隊、長官官房、航空総隊司令部勤務等を経て3等空佐で退官。聖学院大学政治経済学部専任講師、防衛庁広報誌編集長、帝京大学人間文化学科准教授等を歴任。拓殖大学日本文化研究所客員教授、公益財団法人「国家基本問題研究所」客員研究員、NPO法人「岡崎研究所」特別研究員、東海大学海洋学部非常勤講師（海洋安全保障論）。
著書に『日本人として読んでおきたい保守の名著』（PHP新書）、『日本人が知らない安全保障学』（中公新書ラクレ）など多数。最新刊は『ウソが栄えりゃ、国が亡びる　間違いだらけの集団的自衛権報道』（ベストセラーズ）。

政党の機関紙みたいな朝日新聞

花田　政府は二〇一四年七月一日、集団的自衛権の行使容認を閣議決定しました。それまでの朝日新聞の狂ったとしか思えないような報道ぶりはひどいものでした。もう報道の公正も中立もへったくれもない。

朝日新聞は社を挙げて、天声人語から社説、社会面、編集委員のコラム、読者の「声」欄、「朝日川柳」まであらゆる紙面を使って、容認反対のキャンペーンを打ちました。いままでも六〇年安保のときをはじめ、二〇一三年の特定秘密保護法なども含めて朝日の報道がおかしいとさんざん言われてきましたが、今回ほどひどいものはないと思います。

例えば、七月一日の社説〈首相の「慈悲深い圧政」〉。いきなり、フランスの不条理劇を引用して書かれています。それから七月六日のコラム〈「草食の国柄」を捨て去る軽挙〉。

〈世界が敬い、時代の先を行く国柄を捨て去り、日本はどこへ向かうのか。幾多の命と引き換えに得た9条、たかが強権国家の挑発と相殺するのは忍びない。一国の政治史ではなく、人類史に刻まれる軽挙である〉

花田紀凱

「人類史に刻まれる軽挙である」（笑）。これはすごい。冨永格という特別編集委員が書いているのですが、異常ですよね。また、七月二日の朝日川柳には、次のような作品がこれでもかと並んでいます。

〈さて閣下あとは開戦待つばかり〉

〈軍隊と名前を変える自衛隊〉

〈戦前へ歯車逆転始める日〉

〈みどりごは銃を取れとて生まれしや〉

東京新聞もひどい。六月二九日の一面トップで〈地方190議会批判　集団的自衛権広がる「反対」「慎重に」〉とありましたが、地方議会は一七〇〇以上あるのですよ。賛成しているところもあるわけで、そういうことを言わずに、いきなり「190議会批判」。

潮匡人

こういうと何か地方でもえらく反対が拡がっているように思えますよね。インチキなのです。

このように、非常に腹立たしい思いをしているのですが、潮さんはずっと見てこられて、今回の報道、全体的にどう思われますか。

潮　朝日新聞は二〇一四年春ごろから、集団的自衛権の問題について取り上げてきました。

彼らは「新聞」と名乗っているのですけれど、その割に「新しく聞く」話があまりない（笑）。毎朝、旧聞に属することを報じています。つまり事実の報道ではなくて、朝日新聞が「かくあるべし」と考えていることを主張しているのです。

閣議決定までの数カ月間、新聞というよりは、政党の機関紙のような様相を呈していたのではないかと思います。

花田　昔は、そうはいっても朝日の中にも、例えば鈴木卓郎さん、佐々克明さん、百目鬼《どうめき》恭三郎さんなどがいました。社の中堅幹部でいながら、朝日の社論と違うことを例えば『諸君!』(〇九年に休刊)に書いたり、『正論』に書いたりする人がいて、またそういう人が社内でも認められていましたね。ところが、いま朝日でそういうことを書く人が誰もいない。

潮　そうですね。

花田　OBにはいますよ。辞めた方で朝日に対して厳しいことを書かれる方は多少いますが、いったい社内での言論というのはどうなっているのか。自由な討議が行われているのかなと思いますね。あんなに社論できれいに統一されているのはなぜなのか。言論機関として不思議です。

本来は、社論に対してでも「ちょっと違うんじゃないの」という人がいてもいいし、そういう意見が紙面に載ってもいいでしょう。唯一、「声」欄に、集団的自衛権も賛成の投書が一つだけ、アリバイづくりで載っているという状況ですからね。

ファクトではないヘッドライン

潮　集団的自衛権の行使容認の閣議決定を伝える各紙の見出しを並べてみます（二〇一四年七月二日、首都圏最終版）。

朝日新聞〈9条崩す解釈改憲〉
毎日新聞〈集団的自衛権　閣議決定〉
読売新聞〈集団的自衛権　限定容認〉
日経新聞〈集団的自衛権の行使容認〉
産経新聞〈「積極的平和」へ大転換〉
東京新聞〈戦争の歯止め　あいまい〉

やはり「9条崩す解釈改憲」という朝日のヘッドラインが、全国紙あるいは東京新聞を含めて、一番どぎつい。毎日新聞などは、閣議決定という事実を淡々と報じるスタンスです。

東京新聞も例えば、二〇一四年五月一五日に安倍晋三総理の私的諮問機関「安全保障の法的基盤の再構築に関する懇談会（安保法制懇）」の答申が出て、総理が会見された翌日は、〈「戦地に国民」へ道〉という途方もないヘッドラインを立てたのですが、閣議決定の翌日はこの程度の表現にとどまっています。

つまり、「9条崩す解釈改憲」とまで言った新聞は、朝日だけだったことを、我々は確認しておく必要があるのです。

必ずしもいわゆる保守陣営は朝日を目の敵にしているわけではない。ですが、現に朝日が他紙と較べて突出したスタンスを堂々と掲げている、従って我々としては批判せざるを得ない。

閣議決定については事実だからかまわないと思うのですが、「9条崩す」あるいは「解釈改憲」という表現は、事実の問題ではなくて朝日新聞がそう評価したということにすぎないわけです。それはファクト、事実の報道ではなく、やはり政党の機関紙のような様相を呈していたとみるべきです。

花田 ワーストが朝日だとすると、ベストというわけでもないのですが、これならまあ許せるという見出しは何新聞ですか。

潮 私は閣議決定に関する報道のヘッドラインを比べた場合、読売新聞の「限定容認」が一番正しい、的確な表現だと思います。

産経新聞は集団的自衛権を支持する立場で、〈「積極的平和」へ大転換〉という見出しです。実は毎日新聞も別の記事で「大転換」という見出しを打っています。つまり、ある出来事について正反対の立場から見ているけれども、「大きく変わったんだ」という評価では実は両紙は一致しているわけです。

ですが、私は必ずしも「大転換」ではないと考えています。というのは、集団的自衛権はまさに限定的にしか容認されず、全面的に容認されたわけではない。閣議決定をきちんと読んでみても、次のようにしか書かれていません。

〈憲法上許容される（中略）「武力の行使」は、国際法上は、集団的自衛権が根拠となる場合がある。（中略）が、憲法上は、あくまでも我が国の存立を全うし、国民を守るため、すなわち、我が国を防衛するためのやむを得ない自衛の措置として初めて許容されるものである〉

分かりにくい表現ですが、あくまで憲法上は、やむを得ない自衛の措置として認められるのだという立場です。それを「大転換」とまで言ってよいのか。私は一歩引いて見たほうがいいと思います。ですから、読売新聞の「限定容認」という見方が一番いい。

一方で、悪いほうですが、朝日以外では東京新聞の「歯止め」が「あいまい」という表現を挙げたいですね。これも評価の問題です。この問題を、いわば結論ありきで見ていることの象徴的表現だと思います。

主張を正当化するための嘘

花田　閣議決定に至るまで、朝日は「解釈改憲だから、けしからん」という論理を盛んに展開し、挙げ句の果てに「９条崩す解釈改憲」です。

解釈改憲で悪いのか。いままで日本は解釈改憲でやってきたのではないのか。憲法九条を厳密に実行すれば、恐らく自衛隊も持てないという話になります。そこを歴代内閣が解釈しながらやってきたわけです。解釈改憲がそんなにいけないのか、非常に疑問に思うのですが。

潮　もちろん、その議論もありますが、集団的自衛権に限っていうと、私は解釈改憲という評価は当てはまらないと思います。なぜなら日本国憲法第九条には「自衛権」という言葉もなければ「個別的」も「集団的」も何も書いていないわけです。ですから、今回の限定容認というくくりで評価できる閣議決定が解釈改憲、つまり憲法を改めていると評価するのは、私は言いすぎではないかと思います。

もし戦後の日本に、「９条崩す解釈改憲」だと非難できるようなことがあったとすれば、それは、自衛隊の発足自体でしょう。つまり個別的自衛権については憲法九条でも認められているという解釈を「解釈改憲である」「９条崩す」と朝日が非難するのであれば、今回のような見方はあり得ると思います。

ちなみに、閣議決定の七月一日は、自衛隊の発足した日でもありますが、個別的自衛権については朝日を含め日本のマスコミはどこも批判しないのです。

花田　そうですよね。そもそも自衛権は自然権です。批判できっこない。

潮　個別的自衛権はいいけれど、集団的自衛権はだめだという。私に言わせれば奇《き》妙《みょう》奇《き》天《て》烈《れつ》で、全く正反対の議論ではないかと思います。

朝日新聞の「定義」を示している記事として、批判キャンペーンの発火点となった二〇一四年三月三日の社説は、こう書き出しています。

〈集団的自衛権とは何か。日本に関係のある国が攻撃されたとき、自衛隊が反撃に加勢する権利である〉

また、同じ日の「一からわかる集団的自衛権」という特集の中でも、朝日は「そもそも集団的自衛権とは？」との設問に〈密接な関係にある他国が攻撃された場合、反撃する権利〉と答えています。

これらは完全な間違いです。そもそも、「反撃に加勢する権利」「反撃する権利」は、国際法上、どの国も持っていないのです。

花田　「反撃できる権利」というのは持っていないのですか。

潮　政府は集団的自衛権について、一九八一（昭和五六）年五月二九日の政府答弁書でこう定義しています。

〈自国と密接な関係にある外国に対する武力攻撃を、自国が直接攻撃されていないにもかかわらず、実力をもつて阻止する権利〉

この定義の通り、武力行使に「反撃する権利」ではなく、武力行使を「実力をもって阻止する権利」なのです。

ところが、朝日は、それを「反撃する権利」と言い換えています。集団的自衛権に対する読者の不安を助長する狙いがあるのでしょう。日本が泥沼の戦争に踏み出すのではないか、なんとなく怖い。そう思わせるためではないでしょうか。

さらにひどいのは、朝日が同じ「一からわかる集団的自衛権」の中で、「個別的自衛権とは何？」と題して、〈自分の身を守るために反撃できる権利。正当防衛に近い〉と定義している点です。

大学の法学部を卒業した程度の教養をお持ちの方なら、改めて思いだしてくださいという話なのですが、「正当防衛」は実は、自己と同時に他人を守るものなのです。日本国刑法でも、正当防衛は〈急迫不正の侵害に対して、自己又は他人の権利を防衛するため、やむを得ずにした行為〉（第三六条）となっています。

ですから、正しくは「正当防衛に近いのは、個別的または集団的な自衛権である」と言うべきです。つまり、集団的自衛権も、古今東西のどの国でも認められている正当防衛と同じように当然、認められているのです。それを行使することのどこがおかしいのか。

花田　なるほど。

潮　ところが、朝日新聞は、個別的自衛権を「正当防衛に近い」と定義して、読者に対し「正当防衛は仕方がないから、個別的自衛権は持っていい。だけど集団的自衛権はだめだ」という印象を与えている。

アメリカの戦争に巻き込まれる、アメリカと一緒に反撃するのはだめだと言っているのですが、そもそもの理解、定義からして、全くの間違いです。

花田　私と潮さんが街を歩いていて、誰か暴漢が潮さんを襲ってきたときに、私だって止めようとしますよね。当たり前のことです。

潮　朝日のこの論理は、最初の定義から間違えていますが、実は一回間違えただけでなく、二〇一四年七月二日の社説その他でも、ずっと間違いを続けています。

花田　それは間違いというより、意図的に、ねじ曲げているわけですね。

潮　そうだと思います。つまり集団的自衛権というものを、あたかも何か途方もないおどろおどろしいものであるかのように読者に思わせて、こんな恐ろしいことを安倍内閣はしようとしている、憲法九条が崩れていく、解釈改憲だと、自分たちの主張を正当化するために嘘をついているのです。

平気で昨日までと違うことを言う

花田　防衛大学校の佐瀬昌盛名誉教授が書いていらっしゃいましたが、集団的自衛権に関してきちんと理解している人は国民の一割もいないだろうと。私も実際そんなところだと思います。そこに朝日みたいなねじ曲げた嘘、もはや解釈の違いなどではなく、嘘の論理を何度も何度も繰り返せば、朝日の読者はそう洗脳されますね。

潮　ただ、あれだけ集団的自衛権反対キャンペーンを繰り拡げていながら、必ずしもそれが拡がっていないところに、ある種、日本国民の健全さを見ることもできます。

花田　拡がっていないですか。

潮　そうですね。例えば閣議決定直後の内閣支持率をみると、確かに数ポイント落ちてはいます。しかし、朝日新聞や東京新聞が報じているように、全国民、全国各地から批判や反対の声がもし上がっているのだとすれば、こんなわずかな支持率低下で収まるはずがない。安倍総理のおじいさんの岸信介内閣が安保改定をしたときのように、退陣に追い込まれてもおかしくないですが、そうはならなかった。朝日の報道自体が、事実に基盤を置いていないのだと思います。

花田　例えば特定秘密保護法のときもそうでしたが、普段は法案が通ってしまうとその後の報道が急にぱたっとなくなってしまいます。しかし、集団的自衛権に関しては、閣議決定をしたあともまだ、朝日はしつこいぐらいに盛んにやっていましたね。

潮　閣議決定したら大変なことになるのだと、七月一日までさんざん言っておきながら、七月一日に閣議決定されて以降は、「闘いはこれからだ」と言っていましたね。昨日まで言っていたことと違う。こういうことを恥ずかし気もなく主張するわけです。実は事実は朝日が言っている通りで、今回は単に内閣として閣議決定しただけのことです。

閣議決定はしましたが、もし今後、国会で法案が通らなかったら、自衛隊員の手足を縛っている状態はそのまま残る。それを閣議決定だけで「9条崩す」だの「解釈改憲」だのと言ってきたこと自体が間違いです。

例えば、公明党が支持母体からの強力な圧力にいわば屈するような格好で、採決で反対票を投じたり、あるいは自民党の中からもいわゆる造反組が続出することになれば、法案は通りません。実際に「自分は反対する」「欠席する」と言われた方もいたわけですから。

そのような事態になれば、九条を崩すどころか、安倍内閣が閣議決定したという事実が残るだけになります。それを、「一内閣の一存でこんなことを決めていいのか」などと言っている。国会で法案が成立しない限り、何も変わりません。

政府としては、国会に内閣提出のいわゆる閣法として法案を出すとき、これまでの内閣法制局の解釈がありますから、それをそのままにして法律を出すことのほうがまずいわけです。それこそ解釈改憲というか、九条をなし崩しにすることになるとも言える。だからこそ、これだけ議論を重ねて、正々堂々と手続きを踏んで閣議決定しているのです。朝日の非難は全く当てはまらないと思います。

朝日文化人が「憲法改正論」の怪

花田　集団的自衛権に関する朝日新聞の一連の報道を見ていて、おかしいと思ったことがあります。一つは、安倍内閣になってからいきなりこの話が出てきたようなことをしきりに言っているおかしさです。でもこの問題はずっと以前から論議されてきたことですね。

もう一つは、創価学会をやたらと持ち出してくる異様さです。「学会が反対している」とうれしそうに書いている。朝日は政教分離をしきりに言ってきたのに、集団的自衛権問題になると創価学会を刺激して、焚きつけて、創価学会の反対をどんどん報じて公明党にプレッシャーをかけている。なんだ、いままで言ってきたことと違うではないか、と言いたい。

潮　結果的には閣議決定に公明党の連立政権の大臣が署名し、同時に、公明党の代表らが閣議決定についてそれなりの評価をしています。一方で、創価学会は「憲法改正すべきだ」という声明を発表しました。

花田　それもおかしな話でしたよね。要するに創価学会は「憲法を改正してからやれ」としきりに言うわけです。日本国憲法が「硬性憲法」で、憲法改正がなかなか難しいことを知った上で、朝日も「憲法改正をしてやれ」としきりに言う。

潮　一見もっともらしく見える意見ですよね。ですが、憲法九条のどこにも集団的自衛権はだめだとも書いていないし、そもそも自衛権があるともないとも書いていないわけです。どうしてその九条を改正しないと「個別的自衛権はよいが集団的自衛権はだめだ」という奇妙奇天烈な解釈を改めることができないのか、私には意味が分かりません。

自衛隊を認めるために憲法改正しなければならない、と言うのなら分かります。

花田　それなら分かりますね。

潮　または、「個別的自衛権を認めるなら憲法改正しろ」と言うのなら分かりますが、「集団的自衛権を認めるなら憲法改正しろ」と言うのは、何を根拠に言っているのか、主張に一切合理性がない。にもかかわらず、あたかもそれが当然であるかのように言っています。

テレビに出てくる、いわゆる朝日文化人のような方々が、口をそろえてそう言うのですが、我々はその顔と名前を克明に覚えておくべきです。

安倍内閣はかなりの長期政権になる可能性が十分にあり、憲法改正の政治的な日程が見えてくる可能性があります。そのときに今回そう言った人たちが本当に憲法改正に賛成するかを、我々はしっかり見届けなければなりません。どうせ彼らは、何年か後に実際にそうなったら、「憲法改正だけは絶対だめだ」と言うに決まっていますからね。

花田　目に見えるようですね。

潮　ならばどうすればいいのか。憲法改正もだめ、解釈を変えるのもだめ、だったら何も変わらない。そうしたら、彼らの大好きな立憲主義、議会制民主主義の意義がなくなる。何のために総選挙をして、国民の有権者、主権者が議員を選ぶのか。だって、内閣が解釈を変えてはいけないのなら、誰が総理になっても同じですからね。そちらのほうが暴論ではないかと思います。

花田　本当にそうですね。

産経新聞の「産経抄」を書いていらした石井英夫さんが、朝日新聞を取るのをやめたといいます。「親の代からもう八〇年、自宅で取っていたけれど、さすがにもうやめた」と。

その理由は、朝日が集団的自衛権反対のコラムで、いろいろな文化人を多数登場させて反対意見を述べさせていましたが、その中に、蛭子能収《えびすよしかず》さんの集団的自衛権反対のコメントがあったかららしい。これを読んだときには、蛭子さんが悪いってわけではもちろんないですが、さすがに朝日をやめたというのです。

石井さんが朝日新聞の販売店に電話して、購読をやめると言ったら、販売店のおやじさんがあわてて飛んできた、おやじには申し訳ない気がした、と。ただ、購読をやめたので朝日の批判ができなくなるから少し困るとは言っていましたが（笑）。

潮　まさにそういう、いわゆるタレントや文化人を朝日は次々に起用していましたね。要は自衛権、あるいは国際法、憲法、軍事安全保障などの専門家でもない人たちが、雰囲気で「なんとなく、怖い」みたいなことを毎朝毎朝、朝日新聞で言っているのです。

花田　顔写真入りでね。

朝日の悪質なやり方

潮　さらに悪質だなと思うのは、広い意味では、いわゆる保守のカラーで見られているような人も、次々に朝日に出てきているのです。

花田　例えばどういう人ですか。

潮　例えば、小林よしのりさん。広い意味では保守派の脈絡の方です。あとは、もともと産経新聞で部長職まで勤められた方が、朝日新聞で批判をしている。つまり、反対しているのはいわゆる朝日陣営だけではないのだというふうに見せたいのでしょう。しかし、はっきり言ってその方たちはすでに、保守の人が自分たちの仲間だとは思っていないような人たちなのです。そういう人たちが「使われている」ということです。

さらにひどいのは、自民党でもともと要職にいた人たちが次から次へと出てきて、安倍政権の足を引っ張るようなことを言っています。これはもう、いかに自民党のこれまでの政治がおかしかったかを如実に表しているのではないでしょうか。

花田　加藤紘一元幹事長などが『しんぶん赤旗』に出て、意見を開陳していましたね。恥知らずというか。はっきり言って、ああいう人は除名したほうがいいですよ。

潮　「徴兵制になる」などと言っておられる。

〈集団的自衛権の議論は、やりだすと徴兵制まで行き着きかねない。なぜなら戦闘すると承知して自衛隊に入っている人ばかりではないからです〉（『しんぶん赤旗日曜版』二〇一四年五月一八日）

つまり、死傷者が出る恐れがある→自衛官が大量に退職する→定員割れする→徴兵制になる。これはまさに朝日の論法と同じですが、加藤さんは元防衛庁長官なのですよ。私を含め彼の部下だった多くの自衛隊員にとっては、ふざけるなという話です。

花田　加藤紘一氏が防衛庁長官の時、公用車を私用に使い、毎朝長官室にやって来て、いの一番にしたことは円とドルの交換比率のチェック、つまりドル買い、ドル預金を気にしていたのが気になっていたと佐々淳行さんが『私を通りすぎた政治家たち』（文藝春秋）の中で書いています。

潮　むしろ現場としては、集団的自衛権の行使の必要性を政治の側に訴え続けてきた。この一〇年以上にわたって、です。

私は現役自衛官のときの最初の仕事は教育隊の区隊長でしたから、まさに花田さんのこの番組名のように「右向け右」と号令をかけていたのですが（笑）、その後、航空総隊司令部に行きました。

そこで担当していたものは、今で言う「特定秘密」の世界だったりします。簡単に言えば、朝鮮半島で何かあったような場合に、実際に何をどこまでするかという計画を策定する。そのとき、集団的自衛権の行使ができないという内閣法制局の見解がどうしても足かせになってしまうのです。

実際に日米間で折衝しても、アメリカ側は納得しません。「何だ、こんなこともできないのか」ということになる。そこでガイドラインが結ばれ、さらに周辺事態法が整備されたことで、少なくとも後方地域支援まではできることになったわけです。

今回の閣議決定で、晴れてようやく、さらにその先にもうあと一、二歩進めるようになったと私は評価していますし、これは現場のニーズを内閣が酌んでくださった結果だと思っています。だから決して現場の不安を政治家が無視しているわけではなく、そういう報道は作られた話であると思います。

花田　自衛隊員にとっては、より安全、安心になるというものですね。

潮　もちろん個別的であれ集団的であれ、自衛権を行使するに当たっては、自分や部下の生命が危険にさらされる可能性は当然、出てきます。

私はそうした可能性がないなどと言う気はさらさらない。しかし、自衛官は入隊前に全員、「事に臨んでは危険を顧みず、身をもつて責務の完遂に務め、もつて国民の負託にこたえること」と宣誓します。そのような人たちに向かって元防衛庁長官らが、「死ぬのが怖いから次々に辞める」と読み取れる発言をするのは失礼な話ですよ。そうした隊員が一人もいないとまでは言いませんが。

例えば東日本大震災のとき、最後の砦として自衛隊が活躍しました。あのときも自衛官はみな、放射能があると分かっていても、「行かせてくれ」と言ったわけです。もし、加藤元長官や朝日新聞が言っているような自衛隊なのだとしたら、「あ、ぼく辞めます」と言って、辞めていたのではないでしょうか。

イラク派遣のときもどうですか。カンボジアのＰＫＯ（国連平和維持活動）のときも思い出していただきたい。事実は全部正反対です。私個人もＰＫＯのときは「ぜひ行かせてください」と自ら名乗りを上げましたし、そういう人は自衛隊の中にたくさんいるわけです。

いわば訓練が仕事のような組織なのですが、そのような形で、自分が研鑽を積んできたスキルが役に立つ、そして世の中なり国のために少しでも貢献できるのだと多くの人はむしろ、やり甲斐を感じていると理解すべきです。

「よく分からない」国民の不安を煽る

花田　けしからんのは、朝日がよく、自衛官やＯＢのコメントを持ってくることですね。いままで自衛官のコメントなどほとんど紙面に出したことがないのに、いきなり持ってきて不安を煽る。

もちろん自衛官だって家族もあるのだし、心配なことはあるに違いないけれども、そういうところばかりを取り上げる。自衛官批判派のＯＢの声をクローズアップする。本当に、作為的というか、朝日の悪知恵を感じます。

潮　ほかにも「教え子を戦場に送りたくない」などと悩む教師が出てきたり、「憲法学者も悩んでいる」というのもありました。それは、学者としての能力が低いからではないか。それくらいきちんと教えなさいと思いますね。そして、実際に国民の間で本当にそうした不安が拡がっているのかというと、私は決してそんなことはないだろうと思います。

花田　全然拡がっていない。

潮　はっきり言ってしまえば、日本国民の一番多い意見は、「よく分かりません」ということだと思います。

花田　もちろん、安倍内閣ももっときちんと、丁寧にこれからも説明していくことは必要だと思いますが、分からない人たちに朝日があれだけ一方的なアピールをすると、やはり相当影響されますね。

潮　集団的自衛権について、朝日は今回、いろいろな形で歯止めがない、あいまいだからだめだという論法を使っています。

実は今回、新たな自衛権行使の三要件というものが作られたのですが、従来の三要件は「急迫不正の侵害があること」だったのです。今回の新三要件は、この「急迫不正の侵害があること」を、「武力攻撃が発生したこと」に言い換えました。

つまり、従来の三要件のほうが広かったのです。「武力攻撃が発生したこと」のほうが限定されている。従来の三要件は「急に迫ってきている」と現在進行形で、今回は「武力攻撃が発生した」と過去形の日本語を使っているので、それは私は間違っていると思います。だから必ずしも閣議決定の内容に一〇〇パーセント賛同しているわけではないのですが、少なくとも歯止めとして「あいまい」になってはいない。むしろ、より厳しくなっているというのが公正な評価だと思います。

「つくられた世論」と政治

花田　今回はきちんとした集団的自衛権の行使が容認されたわけではないのだということですが、それは公明党に押し切られたということですか。

潮　連立政権という問題もあるでしょうが、一方で、全国紙では朝日、毎日が、地方紙では圧倒的多数の新聞が、朝日のような論調を掲げている。そういう、いわばつくられたマスコミ世論と見合いながら、より多くの国民に「これならまあいいか」と理解していただくという、いわばストライクゾーンのアウトローのぎりぎりいっぱいを突いてきたのが今回の結果だと思います。

ただ、私は、そうした個別的または集団的自衛権の「限定容認」ではなく、ほかの国、普通の国のように特に限定すべきではないと考えています。国連憲章上でも固有の権利、つまり自然権なのです。基本的人権が「天賦」（生まれつき）と説明されるように、「天」ないし、自然が与えたものであり、国家が生まれつき持っている権利です。いわば神が与えたものであり、日本国政府や内閣法制局ごときが奪えるようなものではありませんからね。

ですから、いままでの解釈が根本的に誤っている。根本的に解釈を直すべきだったと思います。これまでの政府見解は間違っていましたとはっきりと認めて、解釈を是正すべきだった。ですが、政府としてはこれまでの見解の延長線上で、ぎりぎりの限定容認で決着を図ったことが、問題を残してしまったと私は思っています。

花田　安倍さんとしては当初は、もう少し先へ行くつもりだったと思うのですが、公明党との問題もあるし、朝日のキャンペーンも多少は影響しているのでしょう。

潮　安倍内閣には、むしろ今回の閣議決定をされた、よい意味も含めた責任を感じていただいて、必ずや憲法改正を成し遂げて欲しいですね。それが、安倍内閣に課せられた使命だと重く受け止めていただきたいと思います。そうでないと、いわば今回、新たな縛りをもう一つ作ってしまった、より憲法改正が遠のいたということにも、後世の評価としてなりかねないわけです。

なぜなら、「だって、いまの憲法九条で集団的自衛権の行使までできるんでしょ。

どうして改正しなきゃいけないんですか」とも言われかねない。決してそういうことにならないようにしなければなりません。

花田　確かに、朝日が言い出しそうなことですね。

（二〇一四年七月一一日放送）

第5章 軍事はイメージとイデオロギーで語られる

古谷経衡×花田紀凱

古谷経衡（ふるや・つねひら　著述家）

1982年北海道生まれ。立命館大学文学部史学科卒業。ネットと「保守」、マスコミ問題、アニメ評論など、多岐にわたる分野で評論活動を行なっている。著書に『反日メディアの正体「戦時体制」に残る病理』（KKベストセラーズ）、『ネット右翼の逆襲』『クールジャパンの嘘』（ともに総和社）、『ヘイトスピーチとネット右翼』（オークラ出版・共著）、『若者は本当に右傾化しているのか』（アスペクト）、『知られざる台湾の「反韓」　台湾と韓国が辿った数奇な戦後』（PHP研究所）、『欲望のすすめ』（ベスト新書）、『インターネット無効論』（ディスカヴァー・トゥエンティワン）などがある。

『永遠の０』は「右傾エンタメ」ではない

花田　古谷さんは著書『若者は本当に右傾化しているのか』（アスペクト）の中で、昨今、「若者が右傾化している」としきりに言われる事例として、二つを挙げています。一つは『永遠の０』（百田尚樹著、講談社）が映画化され、大ヒットしたこと。もう一つは元航空幕僚長、田母神俊雄さんが二〇一四年二月の東京都知事選で若者の支持を集めたこと。

　これらが、若者の右傾化の証拠だと言われているというのですが、古谷さんはこの本で「そうではないのでは」と疑問を呈されています。

古谷　はい。映画『永遠の０』の大ヒットは、若者の右傾化の結果ではない、全然違うと考えています。

『永遠の０』は興行的には観客動員七〇〇万人前後で、大ヒットであることに間違いないですが、ではあの映画にいわゆる保守的な課題や、そうした課題への賛同を促すようなメッセージなど、いわゆるコンサバティブ（保守）の要素があるかと言えば、全くないのです。

花田　でも、百田尚樹さんが描いて、しかも特攻隊の話ですから、どちらかと言えば

花田紀凱

右寄りの話ではないかと思われている。

古谷　見ていない人がそういうふうに思って、そう言っているのではないですか。映画では特攻という戦術について、主人公の一人である宮部久蔵が「十死零生というのは戦術の外道だから、私は反対なのだが、行くのならば仕方ない」ということをはっきりと言っています。

一方で、これまでの日本映画には、いわゆる脱・東京裁判史観というような保守的な課題への賛同を促す作品が、確実にありました。例えば、東条英機を描いた『プライド・運命の瞬間《とき》』（一九九八年）や、残留インドネシア日本兵の話である『ムルデカ17805』（二〇〇一年）、石原慎太郎さん

古谷経衡

の『俺は、君のためにこそ死ににいく』（二〇〇七年）。こうしたコンサバティブ度の強い映画もあるのですが、興行的には残念ながら失敗している。

実際、『永遠の0』は「反戦」「平和」「生命至上主義」など、むしろ戦後民主主義的な価値観で描かれています。宮部は死にたくないし、絶対に祖国に帰りたいし、「死ぬことに何の意味があるのですか」と言う。そうした価値観は最終的には否定されるのですが、途中までは観客が感情移入しやすいように、保守色を極力薄めています。

また、映画を見た人の感想として、例えば写真週刊誌『ＦＬＡＳＨ』の特集では、二〇代の若者たちが「戦争って怖いですね」「やばいっすね」という、いままでのいわゆる戦後民主主義的な反戦映画と何ら変わらない感想を語っています。

ということは、『永遠の0』はそもそも保守的なイデオロギーの映画だとは受け取られていないのです。原作はともかく、映画については大ヒットしたからといって、いわゆる「右」と結びつけて「若者が右傾化している」「右傾エンタメと受け取っている」というのは成り立たない。

花田　なるほど、面白い。主演にジャニーズ事務所の岡田准一をもってきたのもヒットの要因の一つでしょう。彼は役者としても一流ですからね。

『永遠の0』ヒットの理由

古谷　ぼくの考えでは、『永遠の0』は右傾化映画ではなく、よくできた空戦映画だと思います。つまり、かつてスカイアクションもので、『空軍大戦略』（一九六九年、英）などがありました。第二次世界大戦の英独戦「バトル・オブ・ブリテン」の話です。『永遠の0』は、この系譜に連なるものです。「バトル・オブ・ブリテン」の日本版なのです。

ですから、『永遠の０』がなぜ受けたのかというのは、右的なイデオロギーに共感したからではなく、映画として、非常に緻密ですし、脚本も構成もすごくよくできているし、単純に面白いからではないかと思うのです。

花田　空中戦も素晴らしいですね。

古谷　薬莢《やっきょう》が飛ぶところなどをリアルに表現しています。また、通の人が言うには、いままでの日本映画では、空母から飛び立つシーンで記録映画を挟む作品が多く、再現しなかった。申し訳ないですが、ちゃちいですよね。

　また、よしんば再現したとしても、艦爆（艦上爆撃機）が飛び立つときにすっと飛び立ったりする。でも、二五〇キロの爆弾を抱えているので一回、すとっと落ちるのが、本当の描き方なのです。それらを、『永遠の０』は表現している。これはすごい。こうした部分で、本当に史実に忠実な、すごく微に入り細を穿《うが》った完成度の高い映画なのです。

花田　大ヒットした理由も映画の素晴らしさゆえで、右傾化とは関係ないということですね。

古谷　関係ないです。ただ、日本の戦争映画には必ず、「いや、本当はこの戦争はよくないのだ」というメッセージがありますが、『永遠の0』にはないという特徴はあります。

例えば、佐藤純彌監督の『男たちの大和／YAMATO』（二〇〇五年）。すごく好きな作品ですが、一つだけ困った点は、軍人の一人を演じた長嶋一茂がいちいち作品の主題を台詞で言うのです。「大和ってのは、日本の宿命的な、構造的な欠陥の象徴だったのだ」。説教くさいので萎えてしまいます。作品のテーマをセリフで言ったのでは、映画にする必要がありません。残念ながら凡作と言えます。

つまり、『永遠の0』は映画としてレベルが高い。むろん、『男たちの大和』が全部駄目だと言っているわけではありませんが、単純にこれまでの邦画の中で、レベルが高いのです。

映画の最後に、主人公の宮部久蔵が「タイコンデロガ」という護衛空母に突っ込んでいくシーンがあります。そこで、宮部久蔵がにやりと笑います。あの笑みは、特攻に成功したことを描く表現にとどまらず、日本映画がようやくハリウッドに勝てるのではないかという、山崎貴監督の勝利宣言だと受け止めました。

これまでの日本映画は、結局はどちらかのイデオロギーで描かれていて、本当にアクションや純粋な劇映画としての戦争を、戦後ずっと描けなかった。それを、『永遠の0』の山崎監督は初めて成し遂げました。

例えば、クリント・イーストウッド監督の『硫黄島からの手紙』(二〇〇六年)。すごくよくできていて、すごく詳しいですよね。日本人はこれまで、あのような作品を作れなかった。『永遠の0』は初めて日本人が、イデオロギーにとらわれずに、本当に面白い作品を作ったという意義を持っているのです。

花田　朝日新聞あたりは、すぐ「右傾化」と言いたてますが。『永遠の0』の大ヒットとは、この面白さを誰もが評価して見に行った結果ではないか。ですから、若者の右傾化とは関係ないのではないでしょうか。

古谷　映画を見ていないのではないですか。

「田母神俊雄」を支持したのは誰か

花田　もう一つの、都知事選での田母神さんの六一万票。これも若者の右傾化を象徴する出来事だと言われました。

古谷　朝日新聞の出口調査で二〇代の得票の二四パーセントが田母神さんに入れたと

いう結果が出ました。田母神さんはコンサバの論客ですから、これは右傾化だと。

花田　「韓国の朝日新聞」といわれる朝鮮日報などもひどいですね。二〇一四年二月一一日の電子版でこんな論評を載せています。

〈朝日新聞が行った出口調査では、20代の得票率が舛添（要一）氏に次いで2位、30代でも3位になった。田母神氏は「日本は大東亜戦争のおかげで、人種が平等な社会が100―200年早く訪れた」などと言った主張を繰り広げる極右派で、今回の選挙では政党の支持を受けられなかった。それでも若年層から高い支持を得たのは、中高年層よりもむしろ若年層の間で右傾化の傾向が進んでいるということを示したといえる〉

古谷　まず、この出口調査は、小学生の算数のレトリックなのです。というのは、二〇代の母数の投票率を考えていない。

花田　二〇代の得票の二四パーセントといっても、二〇代がどれくらい投票したのかによって意味が異なりますね。

古谷　二〇代の投票率は約二六～二七パーセントでした。そのうちの二四パーセントということは、投票率を二七パーセントとすれば六・四パーセント。一〇〇人のうち六人が投票したからといって、それは右傾化なのか。

実は反原発ということで言えば、細川護熙元首相と宇都宮健児弁護士の得票を合わせれば、パーセント的には二〇代では田母神さんの得票より上なのです。そして、そもそも二〇代は八割弱が投票に行っていない。

朝日新聞などはこれまで、「サイレントマジョリティーは本当は韓国と仲よくしたいのだ」といったことをいつも言っていたのに、この件では言わない。なぜ今回だけ、いわゆるマイノリティーの動向を取り上げるのでしょうか。

〈中高年層よりもむしろ若年層の間で右傾化の傾向が進んでいる〉というのは、全くの誤解で、朝鮮日報は日本研究が足りないと思います。

花田　朝鮮日報の分析というより朝日新聞の孫引きなのでしょう。

古谷　朝日の論調をそのまま持ってきたのでしょうが、そもそも「インターネットを中心に活動する極右派の若者たち」というのが、すでに「若者」ではありません。インターネットを中心に活動する若者、いわゆる「ネット右翼」「ネトウヨ」の平均年齢は、だいたい四〇歳。アラフォーなのですよ。

よく、在特会（在日特権を許さない市民の会）の方などを取り上げて、若者が排外的なナショナリズムに寄っていくと言いますが、彼らもやはりアラフォー、アラフィフなのです。二〇代はゼロではないが、非常に少ない。

花田 古谷さんの本に紹介されている内閣府の「社会意識に関する世論調査」（二〇一四年）。「国を愛する気持ちの程度」をパーセンテージで表したデータが載っています。

古谷 二〇代が右傾化しているのであれば、「国を愛する気持ちの程度」はすごく強いのではないでしょうか。ところが二〇代から七〇代までの全年齢区切りで、男性は二〇代が最も低いのです。女性も二〇代より三〇代が低いだけで、あとは男性と同じく高齢になるほど強くなる。

花田 「国を愛する気持ちの程度」が「非常に強い」や「どちらかと言えば強い」人の小計で見ていきます。二〇一四年のデータでは七〇歳以上は男性で七四パーセント、女性で六八・三パーセント。六〇〜六九歳は男性で六八・二パーセント、女性で六〇・三パーセント。ところが、二〇〜二九歳は、男性で三六・六パーセント、女性で四一・二パーセントです。

古谷 なぜかというと、一つは若者は就活などで余裕がない。結婚もあるかもしれないし、子育てもあるかもしれない。若者の政治イシューは天下国家ではなく、一番はやはり雇用、労働なのです。そういう若者が駄目だといったことではなく、やはり天下国家が政治イシューになり得ない。二〇代がそもそもネット右翼やイデオロギーのところに振れていく図式自体がないのです。

「ネトウヨ=若者」論の嘘

花田　そもそも、どうして「ネトウヨ=若者」と言われるようになったのでしょう。

古谷　いろいろな理由がありますが、きちんとした統計、調査はありません。例えば、漫画家の小林よしのりさんが四年ほど前、「ネット右翼年収三〇〇万円以下説」と初めて具体的なラインを出して、結構話題になりました。

ただ、大前提として、「インターネットは若者が使うもの」という思い込みがある。一九八二年生まれのぼくの世代がちょうど、インターネットがISDN（総合デジタル通信網）になって、PHS（簡易型携帯電話）などを持ち出した世代なのですが、ちょうどアナログとデジタルの過渡期でした。そのときも、インターネットは新技術ですから「機械に強い若者」と言われました。

しかし、総務省が一九九〇年代後半から二〇〇〇年代前半、インターネットの利用動向を調査したところ、一番のボリューム層はその時すでに三〇代だったのです。インターネットの黎明期《れいめい》、「2ちゃんねる」がまだあまり知られていない時期の話です。

つまり、インターネットはそもそも若い世代が使うものではないのです。どちらかというともう少し上の、ハードに詳しい、パソコンを自作するようなPCオタクが最初に飛びつきました。ハードも高額でしたから、経済的にも余裕があって、機械やIT、通信系に詳しいホワイトカラーの三〇代くらいの人が中心で、ぼくの当時の経験でも、PCは高くて自分で買えないので、使っていませんでした。

そうした実態を知らずに、「ネットは若者が使うもの」という思い込みが拡がったわけです。それは先ほどの国の調査でも否定されています。

そして、インターネット黎明期に三〇代だった人は、一〇年たって必然的に、四〇代になっています。アラフォーになっている。これは、ぼくが実施したアンケート調査とも一致しています。

「ネトウヨ」についてよく、「貧乏な人たちが、ひがみでやっている」と言われますが、これまで説明してきたようにハードを買うためには、かつてはいまみたいに安くないですから、三〇万円、五〇万円、ひょっとしたら一〇〇万円くらいの投資が必要でした。やはり大都市部のそこそこの中産階級でなければ買えなかった。そういう層が、インターネットを使う主力だったのです。

いまは利用者が大きく拡がっていますが、いまでも「2ちゃんねる」のハードユーザーは三〇代、四〇代です。インターネット黎明期に、いまのぼくくらいだった人が、一〇年、一五年たってすっかり高齢化しているのです。

では、その黎明期に若者が使っていたのは何かというと、インターネットではなく「iモード」でした。いまは携帯電話料金が定額制になりましたから、「パケット代のために売春しました」といった話は過去のものですが、当時は援助交際が問題になりましたね。あれはティーン（一〇代）だったのです。

花田　そうすると、「ネトウヨの若者」という存在は、そんなにはいないということですね。

古谷　いるとしたら四〇代です。

花田　若い人はいない。

古谷　いないですね。それは本当に事実誤認です。若い世代というか、ぼくの世代がぎりぎりで、二〇代前半で平成生まれの人は、冷戦構造も実体験として知らないでしょうし、そもそもいわゆる靖国問題や慰安婦問題を問われても、それに賛成することが保守的なイデオロギーなのか、反対することが左翼のイデオロギーなのか、それもたぶん分からないでしょう。むしろぼくは、若者たちはそうしたイデオロギーから外れていっているという議論をしています。

花田　いま、靖国の話が出ましたが、靖国神社に行く若い人たちが多いことも右傾化の一つの証拠と言われるのですが、そこはどうなのですか。

古谷　確かに、毎年七月に行われる「みたままつり」に、若い人がたくさん来ています。では彼らが英霊を顕彰する心象があるかというと……。大変申し訳ないですが、ナンパで来ているのですよね。

花田　ナンパで⁉　しかし、ぼくも靖国にはよく行きますが、社頭に掲げられた特攻隊員の遺書を読んで若い人も泣いていますよ。

古谷　もちろん、全員ではないですが、多くのティーンはナンパ目的でしょう。ただ、人数が増えていることで、靖国自体の認知度は上がっています。

靖国に行ったから彼らがコンサバなのかと言えば、全然違う。そもそもコンサバの文脈が通用しない。靖国の顕彰は、保守のかなり生命線的な部分ですが、そういう感覚はたぶん若い人にはないでしょう。

要するに、戦争で亡くなった人を祀るのは当たり前でしょと。それは保守だからなどではなく、当たり前なのです。その一方で、「じゃあ戦争に行きますか」と聞かれたときは、「行きたくない」と答えます。アンビバレント（二律背反）です。左からしても、アンビバレントです。保守からすると、アンビバレントです。でもそれが、彼らにとってすでに政治問題ではない。問い自体がもう無意味というのが、実際のところです。

でも、それはいいことなのです。だって、自然な気持ちで戦死者を追悼することは、いいことでしょうから。

花田　まあ、そうですね。

古谷　いま「戦争に行きたくない」と言うティーンが多いですが、家庭を持ったら守るべきものができるでしょうから、二〇年くらいたったら違ってくるのではないでしょうか。

無人機の時代に「徴兵制」から出ない朝日

花田　そこで、ぜひおうかがいしたいのは、集団的自衛権のことです。朝日新聞や東京新聞は、集団的自衛権の行使容認について、いますぐ戦争になる、または、徴兵制になるといったことを書きます。それについて古谷さんは「最新の軍事を知らない。おかしい」と発言されています。

古谷　全く噴飯ものですね。朝日新聞も、以前はもう少し知識があったような気がするのですが、いまはひどい。

花田　だいたい、世界の国は徴兵制をどんどんやめていますよね。

古谷　やめています。朝日などの「戦争になる」論に関連して、無料通信アプリ「LINE（ライン）」では、ティーンの間で次のようなチェーンツイートが出回りました。

〈集団的自衛権ができたら子供は最低でも2年、自衛隊の訓練をしないといけなくなる！　もしこの訓練期間中に戦争があったら戦場に行かないといけないんだって！〉

このデマは、朝日新聞的には肯定したい内容でしょうが、まず集団的自衛権は「できたら」というものではなくて、法概念ですので、できるも何もない。これをティーンの一部でも信じているということが本当であれば、ずいぶんレベルが落ちていると言えます。

というのも、これは伝聞ですよね。こういうティーンに流れるデマは昔からありました。例えば一九七〇年代、八〇年代には「口裂け女」ブームや「人面犬」ブームがありました。

花田　そのレベルですか、集団的自衛権が。

古谷　実はそのレベルでさえないのです。口裂け女は「隣の中学校の隣の隣の友達が見たって」といった伝聞でしたが、検証はできない。本当はいるかもしれない。分からないのです。

それに対して、集団的自衛権の話はすぐに検証できる。あり得ないのですから。検証可能なデマが流されているという意味では、ティーンのうわさ話の歴史上、最も低俗な部類です。本当に信じているのならば、レベルが落ちています。

次に、徴兵制についてですが、朝日は社説で「徴兵制につながる」と書いています。そんなトンデモな論調で大丈夫なのでしょうか。朝日的イデオロギーの人でも、本当に分かっている人は何も言わないのですが。

こうした反応はやはり、近代戦の発想から抜け切れていないからです。社民党のポスターも同じ雰囲気ですが、ある日突然、「赤紙」が外部から来る。外部のまがまがしい悪意に無辜《むこ》の人民が引っ張られて、三八式歩兵銃を担がせられて突撃する。こういうイメージ。そこから一歩も出ていないのでしょう。

いまの現代戦はUAV（Unmanned Air Vehicle）、無人機の時代なのです。自衛隊も二〇一五年、無人偵察機「グローバルホーク」を導入する見通しで、これは偵察機なので攻撃する能力はありません。ただ、最新のX47B「ペガサス」という無人攻撃機は、一三年七月、史上初めて空母への着艦に成功しました。無人機がですよ。あの大東亜戦争のときは、それでさんざん訓練して、死者も出たことが、無人でできる段階まで来ているのです。

ペガサスはまだ実戦には投入されていないようですが、「プレデター」という無人機はすでにアフガニスタンやパキスタンで使われています。これは米国本土のネバダやフロリダ、ペンタゴン（国防総省）で、フライトシミュレーターのような装置にセンサー要員と操縦士の二人が乗る。センサー要員がモニターを確認して、例えばこれが本当にタリバンの幹部かどうかを伝えて、OKならば撃つ。それをデータリンクという衛星の通信システムで操作するのですが、こうしたシステムがほぼ主力になりつつある。

無人機がなぜいいかというと、安いのです。

花田　安いのですか。

古谷　プレデター一機が、為替によりますが四億円くらいです。戦闘機一機は一〇〇億円、二〇〇億円するのに対してです。維持費も、有人機なら撃墜されたら搭乗員を救助しなければならないし、搭乗員の医療費もかかる。給料も払わないといけないし、住居費も軍が責任を持たなければならない。

無人機はそれらが一切ありません。一説には、無人機の全体の維持費は有人機の五パーセント程度だと言われます。二〇分の一です。やはり世界の趨勢はそちらになっていく。

地上から無人機を操る操縦員も、一朝一夕で養成できるわけではなく、「ゲームみたいにできる」と言われてもそんなに簡単なものではない。一年くらい訓練が必要らしい。

つまり、徴兵制を敷いて、「お前、あしたから無人機を操縦しろ」「強襲揚陸しろ」

などと言われても、できるわけがない。こうした専門要員を育てるためにアメリカへ行っている時代なのに、徴兵制という発想自体がまずおかしいのです。

花田　軍事の現状を何も知らないのですね。

「軍事」とついただけで反対

古谷　海上自衛隊が一九九八年、輸送艦「おおすみ」を導入したとき、朝日やしんぶん赤旗がひどく叩いたことがありました。この船は甲板全体が一枚の板のようにつながっている「全通甲板」であるため、その形がフラットであることが空母に似ているとして、「侵略目的の憲法違反だ」「世界に強襲揚陸できる侵略のための船だ」と批判されました。

確かに、おおすみは、上陸できるホーバークラフト型揚陸艇（LCAC）を二隻積んでいます。後部のウェルドックという格納庫に二隻です。一隻に三〇人くらい乗れるので、おおむね一個小隊です。ですが、そもそも一個小隊でどうやって他国を侵略できるのか。

おおすみはあくまで、トルコ地震やフィリピン台風の際に、仮設住宅や水、食糧を積んで被災地へ運んだりするなど、多目的輸送船の一種にすぎません。空母運用などできないのです。それを「空母だ」といって妨害してきた。実際に運んだのはテントなどで、災害派遣に大活躍したのですが、そうしたことも朝日は知らないのでしょうか。

花田　そうした記事に対して、自衛隊から反論はなされているのですか。

古谷　性能諸元（スペック）が公開されているので、軍事に詳しい人ならその段階で「空母としての運用などできない」と分かるのです。それを意図的に無視しているのか。

花田　新聞が書かなければ、一般の人はなかなか分かりませんからね。

古谷　一般の人は、形がどこか空母に似ているから、「日本もいよいよ空母武装化か」と。それで、さんざん批判されました。実際には、多目的輸送船の一種にすぎません。全通甲板で戦闘機の運用ができるとも言われますが、甲板に耐熱処理をしていませんから飛び立てないし、もちろん離発着もスペース的にできない。

こうしたことは『丸』（潮書房光人社）や『世界の艦船』（海人社）といった雑誌にふつうに書いてあることですので、「新聞記者だったら、読めよ」と言いたい。読んで無視しているとすれば、悪質ですね。

花田 勉強不足か意図的か、どちらにしても悪質ですね。

古谷 垂直離着陸輸送機のMV22「オスプレイ」もさんざん危ない、危ないと言われます。もちろん、ヘリコプターというものはもともと危ないものですが、事故率は軍用も民生用もあまり変わらないという説もあります。

オスプレイに反対であれば、なぜマレーシア航空や中華航空の乗り入れには何も言わないのでしょう。民生機のほうがよほど事故を起こしていますから。

中華航空は一九九四年、名古屋空港で乗客乗員二六四人が死亡する大事故を起こしているし、二〇〇七年には那覇空港で炎上事故を起こしています。同じ台湾機の復興航空は二〇一四年七月、台湾の離島、澎湖《ほうこ》諸島で緊急着陸に失敗し、乗客乗員四八人が死亡しました。最近はマレーシア航空で立て続けに墜落・不明事故があり、大きく報道されました。利用客や周辺住民にとっては、よほど危険だという民生機のキャリア（航空会社）があるのです。

ところが、両者の事故率も比較しないで、軍事機というだけで駄目なのです。ほかにも報道用のヘリだってさんざん墜落していますが、それはいいのでしょうか。とにかく「軍事」とついただけで、もうアレルギー反応が起きる。

オスプレイは、二〇一五年三月に就役予定の新型ヘリコプター搭載護衛艦「いずも」とともに、中国の空母に対するある程度の抑止力が期待されています。それが危険だというなら、民生機だって危険なものはあるという話です。

花田　オスプレイは、新聞の論調に煽られて各自治体も反対しています。

古谷　何が反対なのか分かりません。垂直離陸できるため、いわゆる騒音も低減される。騒音訴訟をずっとやっている自治体からすれば「歓迎」のはずなのに、オスプレイには反対する。

花田　自治体は仕方ないとしても、少なくとも新聞記者は、『丸』や『世界の艦船』を読んで記事を書いて欲しいですね。

古谷　もし本当に読まないで艦船やオスプレイのことを書いているのであれば、記者のレベルが落ちている。以前はもう少し何かあったような気がするのですが。

朝日はいつから自衛隊を認めたのか

花田　集団的自衛権の報道などを見て、やはり記者の軍事に対する知識のなさを痛感しますか。

古谷　知識がないですし、実証のデータに当たっていない。それに、集団的自衛権の行使は、閣議決定しただけなのです。今後の立法に反対するなら分かるのですが。閣議決定にはこれから立法すると書いてあるわけで、論議はこれからなのです。

花田　しかも、集団的自衛権の行使が立法化されたとして、万一、本当に戦争になったとき、日本が出ていくかどうかは改めてまたいろいろな論議を経なければ可能にはなりません。そういうことをネグって記事をつくる。

古谷　それは政治判断でしょうからね。

花田　時の総理がいきなり「戦争する」と言って、戦争になるわけはないのです。

古谷　できないですね。

花田　ですが、そういうことを言わずに、閣議決定しただけで、いかにも「戦争になる」と煽る。意図的な偏向報道ですよ。

古谷　先ほどのチェーンツイートもその一種ですが、戦争反対や軍備増強反対と言うのであれば、二〇一三年一二月に安倍晋三内閣で行った「防衛計画の大綱」の見直しについての反応が解せないですね。

というのも、大綱の見直しで、「水陸機動団」を組織することが盛り込まれたのです。これはオスプレイと水陸両用車を長崎県の佐世保基地などへ配備するというものです。

集団的自衛権の行使容認が閣議決定された二〇一四年七月一日、朝日などは「安保政策の大転換」だと書きたてましたが、ぼくから見れば防衛大綱の見直しのほうが大転換ですよ。これまでは水陸機動団に類するものがなかったのですから。でもこちちは騒がないのです。

なぜかというと、知らないというか、それが何なのかよく分からない。軍事知識がないからでしょう。それもたぶん二〇年前、三〇年前なら「水陸機動団を導入」という記事が出たら、市民団体が当時の防衛庁などへ行って座り込みを辞さない状況になったでしょうが、それもなかった。みな無知になったのでしょうか。

そもそも朝日新聞などは、自衛隊の個別的自衛権、自衛隊の存在を認めずさんざんやってきたのに、なぜ今回は「自衛隊はよい」と認めたのでしょうか。

朝日などが過去に反軍隊、反自衛隊で自衛権すら認めなかったことよりも、今回は皮肉にもすごく「進歩」しているとも言える状況になっています。

花田　すごくおかしいですよね。彼らはそこをきちんと説明しない。

古谷　いま、集団的自衛権の話になると、朝日などは「それは個別的自衛権で対応できるからいいじゃないか」と言うのです。そうすると、では個別的自衛権は認めているのですね、という話になる。でも、ずっと認めていなかったですよね、そもそも。

七〇年代から九〇年代ごろまで、さんざん自衛隊の違憲訴訟をして、それらの訴訟を当時の新聞各紙は大きく取り上げましたが、「自衛隊は憲法違反」の声はどこへ行ったのでしょうか。

花田　もう一つは、集団的自衛権の閣議決定を伝える「9条崩す解釈改憲」という朝日の大見出しに象徴されるように、解釈改憲でやるのがけしからんと言うのですが、これまでずっと、時の為政者が状況を判断して解釈改憲でやってきたのです。なぜ今回の解釈改憲だけがいけないのか。

古谷　安倍さんが憎いのでしょうかね。「安倍がやっているから」「安倍自民が悪いんだ」という話ですが、はっきり言って、集団的自衛権を行使しない、持っていても行使できないというのも、解釈改憲なのです。そちらは不問なのでしょうか。

朝日新聞などには、もう少し頑張って欲しいなという気持ちになります。もはや朝日が「徴兵制」や「アンチファシズム」と言っても、相手にされない。

花田　相手にされないことはないのでは。朝日新聞の大方の読者は、そういう言説を信じてしまうのですから。

古谷　では、今後はたぶん、相手にされないということでしょうか。

花田　いまみたいなことを、古谷さんのような方がどんどん書いて、それを読む人が増えれば変わるのでしょうが。

古谷　希望としては相手にされなくなって欲しいですが、まだまだ強いですかねえ。やっぱり、強いでしょうね。

花田　だから私は「朝日を読むとバカになる」と言いたくなるのです。

古谷　朝日、毎日、東京新聞。

花田　東京新聞は本当にひどい。

古谷　以前は朝日の中にも尊敬する記者がいました。

花田　ええ、いまでもいますよ。

古谷　朝日の記者だったジャーナリスト、田岡俊次さんはすごい軍事オタクでした。彼は割と護憲ですが、軍事のことにすごく詳しい。先ほどの輸送艦「おおすみ」のことなども全部分かっていて、「朝日の良心」だったのですが、いまはあまり出ていませんね。

花田　ほとんど出ませんね。朝日ＯＢの山田厚史さんがやっている『デモクラＴＶ』に出ているくらい。

古谷　あのくらい軍事オタクで、「知っているけど反対だ」というのならまだ分かるのですが、それもない。少し田岡さんに学んで欲しいですね。

花田　新聞記者はもっと最新の軍事を学べということですね。

古谷　軍事評論家の江畑謙介さんは二〇〇九年に亡くなりましたが、ジャーナリストの井上和彦さんなどもいらっしゃいますから、そういう方に聞くなりすればいい。そこまでしなくても、新書レベルの本を一冊読めば分かることさえ分かっていないのです。

（二〇一四年八月一日放送）

第6章　勘違い「リベラル」と反日

門田隆将×櫻井よしこ

門田隆将（かどた・りゅうしょう　ノンフィクション作家）
1958年高知県安芸市生まれ。中央大学法学部政治学科卒業後、新潮社に入社。『週刊新潮』編集部に配属、記者、デスク、次長、副部長を経て、2008年4月に独立。週刊新潮時代は、特集班デスクとして18年間にわたって様々な分野で800本近い特集記事を執筆。
『この命、義に捧ぐ―台湾を救った陸軍中将根本博の奇跡』（集英社）で第19回山本七平賞受賞。著書に『裁判官が日本を滅ぼす』『なぜ君は絶望と闘えたのか―本村洋の3300日』（新潮社）、『太平洋戦争　最後の証言』シリーズ（小学館）など多数。生前の吉田昌郎所長に唯一、単独、長時間インタビューして書き上げた『死の淵を見た男―吉田昌郎と福島第一原発の五〇〇日』（PHP研究所）、近著に『「吉田調書」を読み解く―朝日誤報事件と現場の真実』（同）など。

櫻井　二〇一四年九月一一日、朝日新聞社長の木村伊量《ただかず》氏が記者会見を開き、東京電力やその関連会社社員の九割が福島第一原発所長の吉田昌郎氏の命令に違反して撤退していたと報じた「吉田調書報道」について、その報道を取り消し、謝罪しました。

しかしよく見ると、謝罪とは言いながら自己弁明だと言わざるを得ない内容です。慰安婦報道についても謝罪しましたが、謝罪の理由は、慰安婦報道の過ちを正すのが遅きに失したことだそうです。結局のところ、朝日はほとんど反省していないと、私は感じました。

門田さんはあの会見をどのようにご覧になりましたか。

門田　最初、朝日が記者会見で謝罪するという話を聞いて、非常に驚きました。「朝日の体質からして、そんなことはあり得ない」と思っていたからです。ですが、実際に謝罪はした。

翌朝、九月一二日の朝刊でも一面、二面、三面と紙面を大きく割いて、検証記事を出したことにも驚きました。そのなかでは、木村社長の謝罪文、なぜこのような誤報に繋がったか、なぜ訂正が遅くなったのかなど検証しています。しかし、私には不十分なものとしか思えませんでした。

櫻井よしこ

櫻井　すぐに気がつくのは、吉田調書をめぐる間違いがなぜ起きたのか、という点についての朝日の説明のおかしさです。

朝日は〈取材源を秘匿するため、少人数の記者での取材にこだわるあまり、十分な人数での裏付け取材をすることや、その取材状況を確認する機能が働かなかった。紙面掲載を決める当日の会議でもチェックできなかった〉と検証記事で説明しています。

特ダネやスクープというものはどこのメディアでも、情報が外部に漏れないようにできるだけ少人数で扱うのが常識です。朝日もそのようにしたわけです。しかし、少人数での取材であるだけに、問題を取材してきたいわば専従班による情報が正しいかどうかを、

門田隆将

二重三重にチェックするのが普通です。

朝日は、しかし、少人数ゆえにチェックも確認もできなかったと言っています。

朝日の精鋭少人数体制は機能しなかった、取材体制に誤りを生む原因があると言ってしまっているわけです。これでは朝日の特ダネは信用できるのかということになってしまう。しかし、実際はそうではないのではないか。朝日の記者は実は優秀な人が多い。

何を言いたいかといえば、今回の誤報は少人数によるチェックミスというより、何らかの意図が働いた結果ではないのかということです。

朝日だけ現場取材なし

門田　私が朝日の一連の報道で最初から問題だと感じていたのは、記事に現場の証言がなかったことです。
八月一八日、朝日に続いて産経新聞も吉田調書を入手し、大きく報じました。その次に読売新聞、共同通信も続いてやりましたが、朝日以外の新聞にはすべて現場の証言が出ていました。

櫻井　朝日が吉田調書報道をして、最初に門田さんとこの問題について話し合ったとき、門田さんは「現場を取材した人間は皆、朝日の吉田調書の報道が間違いであることを知っている」とおっしゃっていましたね。

門田　どういうことかというと、一一年三月一五日の朝、1F（福島第一原発）ではボン！と衝撃音が起こり、二号機のサプチャン（圧力抑制室）の圧力がゼロになって、損傷を受けたのではないかという事態が発生しました。それは大量の放射性物質が外に漏れることを意味しています。
それまで、女性職員を含む、総務、広報、人事のいわゆるホワイトカラーの非戦闘員たちを中心に、早く免震重要棟から2F（福島第二発電所）に退避させないといけ

2014年5月20日、「所長命令に違反　原発撤退　福島第一所員の9割」と朝日新聞が1面トップで大きく報じたいわゆる「吉田調書」報道

ない状況がずっと続いていました。

そこに、衝撃音が起こり、大量被曝の恐れが出た時に、「各班は最少人数を残して退避！」と吉田所長が叫んで、彼らはバスに乗り込んだ。

現場を取材した人間はその状況を知っていますから、吉田所長が1F内で最も安全な免震重要棟を出てでも退避しないといけない事態で、「1F構内に留まれ」と命令をするはずがないことは常識でわかるわけです。

櫻井　それを朝日は〝命令違反〟と書いた。現場を取材せずに、この吉田調書を報道したということですか。

門田　取材していないのか、あるいは取材しても、それを無視して報道したか。いずれにしても、吉田調書の報道で唯一、現場の証言が出てこなかったのは朝日新聞だけでした。

櫻井　現場取材の痕跡が記事にないのは驚きですが、もう一つの驚きであり疑問は、朝日の記者の読解力です。

吉田調書には、吉田所長が「2Fに行けとは言っていないけれども、行ってしまった」と語ったすぐあとに、「よく考えたら彼らは正しい判断をした」と言って職員たちを褒めている言葉が続いています。

普通の日本語能力でこのくだりを読めば、吉田所長が所員が逃げたなどとは思っていないことは中学生でもわかるはずです。

紙面では事実を欠落させる

門田　私が悪質だなと感じるのは、吉田所長が命令違反を否定して、結果的に「正しい判断だった」と評価したことや、伝言ゲームになってしまい職員たちに指示が伝わっていなかったことを朝日新聞デジタルでは載せているのに、紙面では欠落させたことです。

朝日が言うような「所長命令に違反して撤退した」ということが成立するためには四つの「構成要件」を満たさねばなりません。①吉田所長が1Fに留まれと命令を出した。②その命令が部下に伝えられた。③その命令を部下が無視した。④その上で、撤退をした。

この①～④のどれが欠けても、「命令違反による撤退」は成立しません。にもかかわらず、①も曖昧な上、②も③も欠落しているのに、朝日は④の「撤退」だけを根拠に、事実を強引に曲解して、報道しました。

つまり、五月二〇日の記事をよく読めば「命令違反による撤退」が成立していないことは関係者の証言を得ていなくてもわかることです。朝日の幹部がジャーナリストであったなら、記事を読んだ時点で疑問を持たないとおかしい。また、朝日は省略したことについて〈必ずしも必要なデータではないと考えていた〉と会見で説明しましたが、驚きますね。

櫻井　吉田調書はもともと非公開が前提です。それを朝日は入手して、「命令に違反し撤退」と報じたわけです。ほかのマスコミから批判を受けても意に介さなかった。「他社は吉田調書を持っていない。唯一持っている我々が正しいのだ」と考えていたのでしょう。

あるいは、吉田調書が非公開だから世間には公表されないと踏んで、自分たちの都合の良いように一部だけを切り取って拡大し、全体像を歪めてもわからないという心理が記者にあったのか。それによって、朝日の社論である反原発の方向へ世論を誘導しようとしたのか。そんな疑念を抱くほどのねじ曲げ報道です。これはジャーナリズムにおいてはタブーです。

木村社長は会見で、「何らかの意図があってあのような報道をしたのではないか」と記者に質問され、「そんなことはありません」と答えていましたが、この点については疑われても仕方ありません。

「朝日的手法」

門田 実際に、五月二〇日の記事には担当記者がこう書いています。
〈吉田調書が残した教訓は、過酷事故のもとでは原子炉を制御する電力会社の社員が現場からいなくなる事態が十分に起こりうるということだ（中略）その問いに答えを出さないまま、原発を再稼働して良いはずはない〉

朝日新聞の特徴は自分の主張、あるいはイデオロギーを押しつけるために、都合のいい情報を引っ張ってきて報道することです。私はこれを「朝日的手法」と呼んでいますが、今回もファクトが成立していないにもかかわらず、「命令違反し撤退」と報じ、結論が「原発再稼働反対」だった。いつも通りの非常に恣意的な記事であると思いました。

政府は吉田所長の上申書によって調書を公開しないことを約束していますから、朝日は吉田調書が表に出てこないことを知っていました。それを知った上で、調書を出せ、出せと識者に言わせて政府を攻撃した。

吉田所長は発言がひとり歩きすることを懸念していました。だから調書の公開を拒んだのです。

吉田所長が私の取材に答えるときに、よく言っていたのが「部下に確認してほしい」ということでした。

吉田さんはあの過酷な事故の最中、窓もない免震重要棟のなかで、不眠不休で事故に対処していました。しかも、複数の原子炉がこっちがよくなれば、あっちがダメになるということの繰り返しで、状況が絶えず動いていました。あまりに多くのことが起こり過ぎて、あとで振り返る時に、時系列も含め、記憶が不確かになっている部分も少なくなかった。

私はそれで吉田所長の部下の方々に直接会って、吉田さんの証言を一つひとつ確認していったわけです。そうして全体像がだんだんと明らかになっていきました。

櫻井　朝日の記者たちは、吉田所長の置かれていた状況の過酷さや、そのなかで文字どおり死力を尽くしていた職員の実績や心に、全く目を向けていないですね。調書を読むと、吉田所長は随所で「かならず他の人に確認して下さい」と言っています。それは彼の誠実さです。

また、「全面撤退問題」についても「『撤退』みたいな言葉は使うはずがない」と明確に否定していますね。

門田　「全面撤退問題」とは海江田万里経済産業大臣、枝野幸男内閣官房長官が当時の清水正孝社長から、直接電話を受けて、その際、清水社長は「全面撤退」と言っていないにもかかわらず、二人は「東電が全面撤退を主張している」と受け取ってしまい、意見が食い違っている問題です。

「東電が全面撤退すると言っている」と伝えられた菅直人首相は東電本社に乗り込

み、テレビ会議を通じて、

「事故の被害は甚大だ。このままでは日本国は滅亡だ。撤退などあり得ない！　命がけでやれ」

「撤退したら、東電は一〇〇パーセントつぶれる。逃げてみたって逃げきれないぞ！」

と演説をぶちました。

私は今回の吉田調書の公開によって、全面撤退問題は決着がついたと判断しています。

櫻井　そもそも清水社長が海江田氏、枝野氏とやりとりする前から、吉田所長は細野豪志首相補佐官に何回も「自分と、原発を操作する人間は残る」と伝えていたことが、吉田調書で明らかになっています。

吉田調書の新事実

門田　私が吉田調書で一番驚いたのはそこです。これまでジャーナリズムは全面撤退問題では海江田さん、枝野さんにしか注目してきませんでした。
ところが、吉田調書によって実は、吉田所長の発言が細野さんにはっきりとわかる形で、何度も伝えられていたことが明らかになった。細野さんは菅直人首相の補佐官として隣りにいるわけですから、菅さんにそれが伝えられたのか、伝えられなかったのか。

細野さんが伝えたにもかかわらず菅さんが無視したことも考えられますが、伝えられなかった可能性が高い。細野さんは人生ではじめての緊張感のなかでやっていたので、そこは覚えていないと証言しています。

櫻井　吉田所長が何度も、我々は残ると細野さんに伝えたにもかかからず、官邸は全面撤退だと思い込んでしまった。なぜ、そんな誤解が生じたのか。細野氏がどれほど正確に吉田所長の言葉を菅氏に伝えたのか、伝えなかったのか。このことは今後、全面撤退問題を解明していくうえで、重要な要素として考えなくてはいけませんね。

次に慰安婦誤報についても、木村社長は一応謝罪をしたわけですが、報道の内容に対して謝罪したのではなく「撤回の遅れ」に対して謝罪しているわけです。

それに、読者に対してしか謝罪していない。当然、一連の報道で汚名を着せられた日本国民は読者だけではありません。いま、生きている私たちだけではなく、戦争に命を捧げた人たち、これから未来を背負っていく日本人、つまり、過去、現在、未来の日本人全員になぜ謝らないのか。本当に理解できません。

門田　強制連行問題は、「従軍慰安婦」問題のすべてといっても過言ではありません。なぜなら、無理やり連行したとしたら「拉致」、慰安所に閉じ込めたとしたら「監禁」、そして意に沿わない性交渉を強いたとしたら「強姦」ですから。強制連行は拉致・監禁・強姦という意味なんです。

これが「性奴隷」という表現の根源で、国連から勧告を受けるほど大きな問題になっているわけですが、強制連行を示す資料はいまだに見つからない。それなのに、強制連行された朝鮮人慰安婦は〈八万とも二十万ともいわれる〉とする朝日が大展開してきた主張は凄まじいものですね。

櫻井　木村社長が会見した当日に放送された『報道ステーション』を見ましたが、この朝日が主張しているとおりの検証に終始していました。

「権力監視」という思い込み

櫻井　木村社長の記者会見は、朝日の目論見としてはこれで問題を終わりにする意味があったと思います。しかし、実はここからまた新たに始まるわけです。

門田 今回の朝日会見は「朝日問題のスタート」だと思います。

櫻井 多くの国民が、なぜ朝日は日本人であるにもかかわらず、日本を貶めるような報道をするのか疑問に感じていると思うのですが、門田さんはどのようにお考えですか。

門田 私は朝日にも友人が多いのですが、彼らに日本を貶めているという意識は実はないのです。貶めたい人もなかにはいるでしょうけれど、実際はすくない。では、なぜこのような報道をするか。彼らの言い分はこうです。

「朝日はリベラルであり、権力と対峙し、監視しているのだ」

私はいつもそれに対して、「リベラル？　単なる反日だよ」と返すのですが、彼らに日本を貶めている意識はなく、権力に対して厳しい記事を書いていると思い込んでいます。

櫻井 ですが、それによって汚名を着せられているのは我々の父や伯父の世代の日本人で、朝日の記者たち自身にも関係のあることです。そういった想像力が働かないのでしょうか。

門田 むしろ、過去の日本を糾弾することで、自己陶酔に陥っている記者が非常に多いように感じますね。だから、朝日がなぜあのような報道をするのかと聞かれても説明が難しい。「彼らは日本を貶めることを、権力と戦っているものと勘違いしているんだ」と説明しても普通の人には意味がわかりませんから。

朝日の歪んだ価値基準

櫻井　朝日はその歪んだ価値基準によって、吉田調書と吉田証言のダブル吉田捏造報道を生んでしまった。

私たちがこれからすべきことは、朝日が世界に流布した誤報、慰安婦の強制連行などなかったこと、福島第一原発の所員は吉田所長の命令に違反して逃げていないことを、国際社会に向けて発信していくことです。

門田　慰安婦問題の本質は女性の尊厳だと朝日は言いますが、私たち日本国民は、慰安婦となった薄幸な女性たちのことを本当に可哀想だと思っています。

ですが、日本が国家として彼女たちを拉致・監禁・強姦したという嘘を朝日新聞によって世界中に流布され、日本人が未来にわたって性奴隷を弄んだ民族として謂われなき非難を浴びていることが、この問題の本質なのです。

それについて、私たちは朝日の問題すり替えに騙されてはいけないし、日本人は今後、延々と国際社会に向けて「事実と違います」と言い続けていかなければならないのです。

（二〇一四年九月一二日放送）

第7章

朝日新聞が歪めた事実と歴史

櫻井よしこ×西岡力×阿比留瑠比×花田紀凱

西岡力（にしおか・つとむ　東京基督教大学教授）
昭和31（1956）年東京生まれ。国際基督教大学卒。筑波大学大学院地域研究科東アジアコース修士課程修了。在ソウル日本大使館専門研究員などを歴任。「北朝鮮に拉致された日本人を救出するための全国協議会」（救う会）会長。著書に『金賢姫からの手紙』『よくわかる慰安婦問題』（以上、草思社）など多数。近著に『朝日新聞「日本人への大罪」』（悟空出版）。

阿比留瑠比（あびる・るい　産経新聞政治部編集委員）
昭和41（1966）年福岡県出身。早稲田大学政治経済学部を卒業後、平成2年、産経新聞社入社。仙台総局、文化部、社会部を経て政治部へ。首相官邸キャップや外務省兼遊軍担当などを務め、現在、政治部編集委員。著書に『決定版　民主党と日教組』『破壊外交　民主党政権の3年間で日本は何を失ったか』（以上、産経新聞出版）、『政権交代の悪夢』（新潮新書）など。

詰めが甘い「第三者委員会」報告書

櫻井　朝日新聞が第三者委員会を設けて慰安婦報道に関する検証を進め、その結果の要旨が二〇一四年一二月二三日の紙面に掲載されました。報告書は二二日、一一五ページにわたる報告書として発表されましたが、その中身は果たしてきちんと朝日の問題点を指摘しているのか。私たちで検証します。

報告書の内容に入る前に、まず第三者委員会のメンバーについて。元名古屋高等裁判所長官の中込秀樹さん、外交評論家の岡本行夫さん、国際大学学長で安倍さんのブレーンでもある北岡伸一さん、ジャーナリストの田原総一朗さん、筑波大学名誉教授の波多野澄雄さん、東京大学大学院情報学環教授の林香里さん、ノンフィクション作家の保阪正康さんです。

この第三者委員会の方々は検証委員として適正なのか、いかがですか。

西岡　「これは朝日新聞にとって『第三者』ではない、身内ばかりではないか」というのが率直な感想です。

花田　せめて西岡さんか、秦郁彦さんを入れるべきでしたね。

西岡　秦さんはヒアリングを受けたようですね。私も委員会には入らないまでも、少

櫻井よしこ

なくともヒアリングに呼ばれるのではないかと思っていましたが、連絡すらありませんでした。

二〇一四年八月の朝日新聞の検証には私の本からの引用も入っている。にもかかわらず聞き取りすらされなかったことで、「ああ、このメンバーを見て心配していたことがその通りになったな」と。

そこで私たちは「独立検証委員会」を作らなければならないと考えて、中西輝政京都大学名誉教授とすぐに会を立ち上げ、現在、検証作業を行っています。

阿比留　林委員については寡聞にして存じませんでしたので、インターネットで確認したところ、「慰安婦性奴隷説」をいまだに唱え

花田紀凱、阿比留瑠比、西岡力

ている吉見義明中央大学教授の裁判闘争を支援する会のメンバーの中に、彼女の名前を見つけました。

林委員は常に北岡委員や岡本委員と対立していたと聞いています。朝日新聞としても吉見さんを直接委員に入れるわけにはいかないので、こういう方を委員に入れたのではないかと勘ぐってしまう。

西岡　案の定、報告書は全体的に検証が甘い。聞くところによると、委員の皆さんはお忙しい方ばかりですから、毎回全員が集合できたわけではない。ほぼ毎回出席した皆勤賞は、中込委員長と、その事務所所属の弁護士の方々、そして林委員だけだったそうです。これが報告書全体の詰めが甘くなった要因の

西岡力

一つではないでしょうか。

櫻井　そのせいか、報告書の最後の検討項目である「国際社会に与えた影響」に関しては、なぜか、「岡本・北岡」「林」「波多野」とそれぞれの委員が個人名で書いています。意見が割れて、委員会としての報告をまとめられなかったのでしょうね。

西岡　私も内部情報を持っている人から聞きましたが、その通りだったようです。特に林委員とそれ以外の委員との対立があり、委員長はリーダーシップを発揮できず、最も重要と言っていい「国際社会に与えた影響」について話がまとまらなかった。

一方、「最初から話がまとまらないような人選」をした疑いすらあるとの指摘もありま

阿比留瑠比

す。そうなればむしろ朝日にとっては好都合で、「朝日新聞に対してさまざまな対立する意見が出ましたが、それを尊重します」と言っていればいいと。だから「このように責任を取るべき」という明確な文言がないまま報告書だけが出され、「これをもって検証は終了」と幕引きにしようとしているのではないでしょうか。

「議論のすり替え」という指摘

櫻井　先日、田原総一朗さんとある雑誌で対談したのですが、田原さんは最初から「植村(隆)記者のことについては話したくない。自分は植村には関心がない」と仰っていました。

仮にこれが本心だとするならば、関心のない人を第三者委員会のメンバーにすること自体、問題があります。第三者委員会の構成には構造的な問題があったと言わざるを得ませんね。

花田　そもそも自分たちで取材して検証することを仕事にしている新聞社が「第三者委員会」に検討してもらわねばならないということ自体、おかしいのです。自浄能力、自己検証能力がないと言っているに等しい。

櫻井　さて、実際にどのような検証がなされたのか、見ていきたいと思います。まず吉田清治証言について、第三者委員会はこう書いています。

〈秦氏の（九二年の）研究結果発表の後、吉田証言は真偽不明であるとの心証が社内の関係部署に共有されるに至ったものとみられるが、それにもかかわらず、その後も安易に吉田氏の記事を掲載し、済州島へ取材に赴くなどの対応を講ずることもないまま、吉田証言の取扱いを減らしていくという消極的な対応に終始した。これは新聞というメディアに対する読者の信頼を裏切るものであり、ジャーナリズムのあり方として非難されるべきである。

教科書問題を契機として作成された1997年特集に際しては、吉田証言の扱いが慰安婦問題の整理と並ぶ重要課題とされ、訂正についても話題にされたものの、取材班の中で大きな意見対立はなく、「真偽は確認できない」との表現にとどめてしまった。この特集において、訂正するか又は取消しをするべきであり、さらに、必要な謝罪もされるべきであった。本特集における「強制性」のまとめ方は、のちの批判にもあるとおり、「議論のすりかえ」である〉（カッコ内編集部補足）となっています。

西岡　九七年三月三一日の記事で、朝日新聞は吉田清治証言について〈済州島の人たちからも、氏の著述を裏付ける証言は出ておらず、真偽は確認できない〉と書くにとどまりました。その上で朝日新聞はこの九七年の検証記事で、「問題は狭義の強制（軍による強制連行）ではない。慰安所での生活など、本人が嫌がったことは広義の強制だ」としていた。

これに対して今回、第三者委員会が「議論のすり替え」と指摘した。この一点に関しては、私は第三者委員会を評価します。何よりも、これが慰安婦問題の本質だからです。

「留守で」確認できない？

阿比留　「議論のすり替え」であると第三者委員会が指摘した点については、私も「おおっ」と思いました。ところが報告書提出から数日後の一二月二六日、朝日の渡辺雅隆新社長が開いた記者会見には失望しました。

当然ながら記者の質問は「議論のすり替え」が中心になり、何人もの記者が異口同音に「議論のすり替えだったことは認めますね？」と朝日に質したにもかかわらず、彼らは「重く受け止める」としか答えないのです。「認める」という一言は絶対に口にしなかった。

櫻井　しかも驚いたことに、九七年に現地調査に行ったのは植村隆記者だったことが初めてわかりました。

阿比留　私も報告書を読んで初めて知って、非常に驚きました。

櫻井　報告書にはこうあります。

〈外報部の担当デスクが、当時ソウル特派員だった植村に「吉田証言の真偽を調査するように」と指示を出し、植村が短期間済州島に赴いて吉田証言に出てくる事実の裏付けとなる証人の有無などの調査を実施した。

調査に先立ち、植村は東京での取材班ミーティングにも一度顔を出し、慰安婦問題に関する見解などを説明した。
実際の調査の態様は、済州新聞の記事を書いた許（ホ）氏に会って聞き取りをしたほか、現地調査も行われたようであるが、徹底的な調査ではなかったようである。植村は、本社に、「いわゆる人狩りのような行為があったという証言は出てこなかった」とのメモを提出した〉
「徹底的な調査ではなかったようである」となぜか推測調ですが、いずれにしろ九七年段階では徹底した調査をしなかったか、できなかった。

阿比留　当時、植村記者はソウルから済州島までわざわざお金をかけて飛んでいるわけですから、それなりの成果は求められるはずです。
しかも既に植村氏は自身の書いた慰安婦の記事で、西岡さんらから批判を受けている身です。にもかかわらず「徹底的な調査をしなかった」との姿勢は理解に苦しみます。

花田　報告書にはまた、〈キャップ格の記者が吉田氏への接触を試み、しばしば電話をしたが、雑談はするものの吉田証言については応答を拒まれ、自宅も訪問したが留守で、結局会うことも、吉田証言について会話することもできなかった〉ともあります。でも、新聞記者だったら、一度行って留守なら、確認するまで繰り返し行かないといけないでしょう。

植村氏が、吉田証言を裏づける証言は出てこなかったというメモを提出しただけで、許したデスクもおかしい。

朝日の驚かされる緩さ

西岡　朝日は二〇一四年八月の記事で、再度「(二〇一四年) 四月に現地調査をしたところ、吉田証言は虚偽であるとした」として取り消しました。

しかし二〇一四年と九七年と、どちらが調査が容易だったか。当然、九七年当時は戦時中のことを知っている人が今よりも多かった。韓国語のできる植村氏が、なぜ現地で、今より二〇年近く前に調査しながら、きちんとした証言を取れなかったのか。植村氏の取材能力に大いに疑問を持ちますね。

櫻井　吉田証言に関する記事は複数ありますが、第三者委員会の検証が全く成されていないものもあります。たとえば「木剣ふるい無理やり動員」の見出しで報じられた九一年五月二二日の記事について、報告書にはこうあります。
〈この編集委員は、上記記事執筆前に吉田氏に会っているはずだが、取材に至る経緯を含めて記憶になく、吉田氏の著書や吉田氏に関する過去の朝日新聞記事を参照した記憶や吉田氏の経歴調査等の裏付け調査をした記憶もないと言うほか、引用した講録の基となった集会にも自分は参加していないと思うと言う〉
記事を書いた編集委員が記憶喪失になっているようです。

西岡　しかも問題なのは、「この編集委員は」と検証記事では書かれていますが、元の記事には「編集委員・井上裕雅」という署名がある。しかし報告書では記者本人の名前を明かしていません。

櫻井　さらに一九九一年一〇月一〇日付の「従軍慰安婦　加害者側から再び証言」の記事も同じ記者が署名入りで書いています。ところがこれも先の記事と同様〈筆者は、記事中に3時間余り吉田氏を取材したとの記載があるが上記aの記事（同年五月二二日付の記事）の取材と同様にあまり記憶がない〉（カッコ内編集部補足）と。またしても記憶喪失です。

花田　でも阿比留さん、新聞記者が自分の記事を書いたかどうか忘れてしまうことなんてあるのですか。しかもすぐ後、問題になった記事ですよ。

阿比留　いわゆるベタ記事ならありうると思いますが、社会面トップ級の記事を忘れることは、普通はあり得ないですよ。何の思い入れもなく適当に引用して、ちゃちゃっと作業していたのかもしれませんが（苦笑）。

植村氏の現地取材の甘さについても、その他の記者の認識についても、「朝日新聞はこんなに緩い会社だったのか」と信じられない思いです。

胸を張る「闇を照らす企画」

西岡　この二本の記事は大阪本社のもので、大阪本社は当時、「女たちの太平洋戦争」という大型企画をやっていた。当時、責任者で企画報道室長だった北畠清泰氏は、その後論説委員にまでなった人です。

北畠氏は当時吉田証言を引用して二本のコラムを書きました。一本目は吉田証言に丸ごと乗っかって「千人もの女性を強制連行した」とする記事。掲載されると日本中の読者から「事実ではない」という投書がたくさん来た。当時を知る人が今よりも多かったのですから、当然でしょう。

ところが北畠氏は読者に対し「歴史を直視せよ」などと説教する記事を書いた。取材能力がない朝日新聞を思って当時の読者がわざわざ教えてくれたのに、失礼な話です。あれから二〇年たってようやく吉田証言の虚偽が明らかになったのですから、朝日新聞は記事を取り消す前に、まず読者に謝罪すべきでしょう。

花田　歴史を直視していないのは朝日の方だったのですからね。

西岡　そもそも北畠氏は実は大変歪んだ考えの持ち主でした。朝日大阪本社の「女たちの太平洋戦争」最終回（九一年一二月三一日）にこんなことを書いています。

〈終戦から四十六年、平和主義を掲げた現憲法の実施から四十四年を経た現在、あの旧軍人の口調で戦争体験を公然と語るものは、まずいない。

だが大戦時の異常さを、ひそかに懐かしんでいる者が、この社会のどこかに身をひそめていないか。

一般社会の階層秩序が通用しない軍隊なればこそ、人を遠慮なく殴打できた者。平時の倫理が無視される戦時なればこそ、女性の性を蹂躙できた者。通常の権利が無視される非常時なればこそ、うまく立ち回って飽食の特権を得た者。

そうした人たちがいて、戦時に郷愁の念を抱きながら、口を閉ざし続けているので

はないだろうか。そんな人々の沈黙の深い闇が、この日本社会の底に沈んでいるような気がする〉

北畠氏は「自分たちはその闇を照らす企画をやったんだ」と堂々と言っている。もちろん兵隊の中には罪を犯した人もいたでしょう。

しかし兵隊の大半は「日本の普通の庶民」だった。にもかかわらず北畠氏は同じ日本人に対して「異常な時代に味わった『いい思い』を懐かしんでいるはずだ」という思いで見ていた。これは日本人に対する侮辱以外の何ものでもない。

花田　朝日の異常さが凝縮されているような記述ですね。

朝日新聞記者行動基準と利害関係者の取材

櫻井　次に植村隆氏の記事について第三者委員会がどのような判断を下したか。簡単に植村氏の縁戚関係についておさらいすると、植村隆さんは韓国人と結婚し、その義母は「太平洋戦争犠牲者遺族会」の幹部・梁順任氏でした。遺族会は慰安婦裁判で日本政府を訴えた原告の団体です。

植村氏は九一年八月一一日の紙面で、のちに金学順さんと分かる女性を登場させ、

「初めて名乗り出た元慰安婦」として大きく報じました。その記事で〈「女子挺身隊」の名で戦場に連行され〉た「朝鮮人従軍慰安婦」と書き、この女子挺身隊と慰安婦の混同については昨年八月の朝日の検証でも「誤用」と認められています。

　第三者委員会はまず植村氏の縁戚関係について〈その取材経緯に関して個人的な縁戚関係を利用して特権的に情報にアクセスしたなどの疑義も指摘されるところであるが、そのような事実は認められない〉としています。

西岡　縁戚関係について、重要なのは義母の梁順任さんが情報源かどうかではありません。梁順任さんは裁判で国を訴えた遺族会の幹部です。その義理の息子である植村氏は、この裁判の明確な利害関係者です。利害関係者にその裁判の記事を書かせていいのか、という倫理の問題です。

阿比留　ましてや植村氏は、もう一本記事を書いています。これも第三者委員会の検証には出てきませんが、九一年八月一九日付の「元朝鮮人慰安婦が補償求め提訴へ日本政府に」とする記事です。

　植村氏は署名入りで〈これまで従軍慰安婦体験者が裁判を起こした例はなく、「昭和史の暗部」がはじめて法廷に持ち出されることになる〉などと書いていますが、どう見ても植村氏は義母の団体と利害共有者です。

櫻井 利害関係者、つまり義理の息子の書いた記事が、結果的に裁判に有利に働いた。日本の新聞社としてこういうことが許されるのですか。

阿比留 明確なルールがあるかどうかは別として、各会社の綱領などでは「公正」を謳っていているはずですから、公正性を損ねるという点から、通常はあり得ないことだと思います。

花田 朝日が二〇〇六年に制定した「朝日新聞記者行動基準」にも、〈自分や家族が所属する団体や組織を自らが取材することになり、報道の公正さに疑念を持たれる恐れがある場合は、事前に上司に届ける〉とあります。

「自白」と「被害者」

西岡 植村氏と時期は重なっていませんが、同じく朝日のソウル特派員だった前川惠司さんが、『SAPIO』(二〇一五年二月号)に重大なことを書いています。

植村氏は元慰安婦らが提訴後の九一年一二月二五日にも裁判の記事を書いています。そこで前川氏は当時の担当デスクを探し出した。

「この記事をあなたは通したけれど、植村氏がこの裁判の利害関係者かどうか、聞いていたのか」と聞いたところ、「知らなかった」という。

「それを知ったらどうしていましたか」と聞いたら、当時のデスクは「採用しなかった」と答えています。

朝日新聞の中でも、裁判の当事者に関する記事を、利害関係者に書かせてはいけないというのは常識だった。しかもそのデスクは、「この記事は植村氏が持ち込んできた記事だ」と言っており、植村氏は自分が裁判の利害関係者であることは伏せていたわけです。

しかし第三者委員会はこれだけ厚い報告書を出していながら、このデスクにすら話を聞いていない。検証は明らかに不十分です。

櫻井　女子挺身隊と慰安婦の混同について、報告書にはこうあります。

〈「女子挺身隊」の名で「連行」という強い表現を用いているため強制的な事案であるとのイメージを与えることからすると、安易かつ不用意な記載である〉

西岡　植村氏の記事の問題は「女子挺身隊と慰安婦の混同」や「連行との表現」だけではありません。第三者委員会は「女子挺身隊と従軍慰安婦を混同していた」と用語上の混同を問題にしていますが、実際の記事は〈「女子挺身隊」の名で戦場に連行され、日本軍人相手に売春行為を強いられた「朝鮮人従軍慰安婦」のうち、一人がソウル市内に生存していることがわかり〉と文章が続いています。

これは非常に大事なポイントで、吉田清治報道とも繫がってきます。吉田さんは「女子挺身隊の名で慰安婦狩りをしろと軍に命令を受けてやりました」と言っていた。唯一の「加害者」が名乗り出て来たわけです。

そして植村氏は「女子挺身隊として連行されて慰安婦にされた女性」のうちの一人が出て来たと書いた。つまり被害者が名乗り出たことになる。吉田清治氏の「自白」とぴったり合う「被害者」が出て来たというわけです。だから私は「吉田証言に沿うように、金学順さんの記事を捏造したのではないか」と疑った。これは「安易かつ不用意」な表現なのではなく「重大な捏造」なのです。

「安易かつ不用意」ではなく「巧妙かつ悪質」

阿比留　しかも植村氏はそのような大事な証言を、あろうことか「名前も分からない女性の話を録音したテープ」を聞いただけで記事にしています。

植村氏が一月九日に司法記者クラブで記者会見をした際、私が何度も繰り返し「テープに『女子挺身隊』という言葉は入っていたのか」と聞きましたが、なかなか答えない。しつこく聞いたら最後には「いまは定かではない」と答えました。つまり金学順さんがそう言ったかどうかすら定かではない。

西岡　しかも第三者委員会はテープの提出を求めていない。不思議でなりません。

櫻井　植村氏が月刊『文藝春秋』（二〇一五年一月号）に寄せた記事では、植村氏は「金学順さんは挺身隊だと言っていた」と繰り返し書いています。

西岡　韓国では「挺身隊」が「慰安婦」を表す名詞だったから、彼女もそう言ったのでしょうし、韓国の新聞もそう書いていたことは確かです。

しかしそのことと「女子挺身隊の名で戦場に連行」と言っていたかどうかは別なのです。彼女は他の証言ではいずれも「騙されて親に売られた」と言っているのですから。

繰り返しますが、何より問題なのは、朝日新聞が世に出した吉田清治氏が「女子挺身隊の名で連行しました」と言っていたのに合わせて記事を捏造したのではないか、という点です。

花田　朝日社内、もっと言えば大阪本社には明確な意図があって、その流れの中で植村氏の記事も書かれたのではないかという疑いが残っています。「安易かつ不用意な記載」ではなく、「巧妙かつ悪質」とされてしかるべきでしょう。

西岡　植村氏は「自分の記事が捏造と言われるのは心外だ」「私は捏造記者ではない」と言っていますが、たしかに植村氏の記事に誤りがないなら「捏造」という指摘は事実に反するでしょう。ところが朝日が「誤用」を認め、第三者委員会ですら「安易で不用意」だと言っている。不適切な表記に対する「表現の自由」はあって当然で、これに対して「捏造」という表現を使ってはいけないという主張は通りません。

訴状や他のインタビューと食い違う証言

阿比留　植村氏は金学順さんがキーセン学校に行っていたことを書かなかった理由について「重要だと思わなかったから書かなかった」「キーセン＝売春婦ではない」としています。しかし金学順さんは四〇円で母親に売られている。今の数百万円です。それでいて「売春婦ではなかった」という主張はかなり苦しいですね。

西岡　キーセン学校というのはいわば「置屋」です。金学順さんは四〇円で彼女を買った置屋の主人が慰安所に連れて行った、と韓国紙でも、裁判の訴状でも話しています。

ところが訴状が出た後の九一年一二月二五日の記事でなお、植村氏は金学順さんの証言について〈『そこへ行けば金もうけができる』。こんな話を、地区の仕事をしている人に言われました。仕事の中身はいいませんでした〉と書いている。

普通、新聞記者は最も新しく、公的な情報を参考にするはずなのに、証言が食い違っている。全くおかしな話です。

櫻井　第三者委員会は〈「キーセン」イコール慰安婦ではないとする主張は首肯できるが、それならば、判明した事実とともに、キーセン学校がいかなるものであるか、そこに行く女性の人生がどのようなものであるかを描き、読者の判断に委ねるべきであった〉としています。しかしこの記述は実に隔靴掻痒《かっかそうよう》ですね。

阿比留　これは第三者委員会そのものの問題でもあるのですが、慰安婦問題全体の流れがつかめていないのではないでしょうか。

植村氏の記事に関しても、九一年八月一一日から一二月二五日の間に、金学順さんにまつわる状況は変化していて、訴状が出て、他のインタビューも出ている。その内容は植村氏の記事とは異なっているのです。この点について、中込委員長はこのあたりの経緯や時系列をよく理解していないような反応でしかありませんでした。

朝日自身の検証をはみ出さない結論

西岡 しかも問題はまだ他にもあるのです。植村氏は会見で盛んに「自分は強制連行とは書いていない」と主張していますが、私に言わせれば問題はそこではない。むしろ「女子挺身隊として連行された」と書いたことの方に重大な意味があるのです。「女子挺身隊」というのは国家総動員法に基づく制度ですから、この用語を使うことで、兵隊の個人的犯罪ではなく、国家的な性奴隷制度を持っていたという根拠になってしまう。この重大さを彼は分かっていない。

櫻井 騙されて連れて行かれたということを「連行」と書いたまでだ、と植村氏は言っていますね。

西岡 しかしそうなると「では女子挺身隊の名で、というのは何だ」「騙したのは誰だ」という別の疑問を生むだけです。「騙して連れて行かれた」と書きながら、騙した主体を書かない。この点についても第三者委員会は全く追及していません。

阿比留　そもそも第三者委員会に慰安婦問題の専門家はいません。少なくともこの問題を一時期でも熱心に追いかけ、経緯を把握している人を加えるべきでした。この分厚い報告書は一定の「朝日論」、「メディア論」ではあると思いますが、こと慰安婦問題に対する個々の具体的な追及はほとんどありません。

しかも「朝日論」ではあっても、身内にはかなり甘い印象です。特に植村氏の記事に関しては非常に追及が甘い。吉田証言については中込委員長が記者会見で「荒唐無稽」だとまで指摘しているのに、植村氏については「事実をねじ曲げてはいない」と言った調子です。

櫻井　第三者委員会の報告書全体のトーンが、身内をかばうものになっています。

西岡　恐らく理由はこういうことです。吉田証言については八月に朝日自身が取り消したものだから、「吉田は荒唐無稽だ」と指摘できる。しかし植村氏の記事については朝日が「事実のねじ曲げはなかった」と言っているから、「安易かつ不用意」とするのが精一杯で、結局、朝日自身の検証をはみ出さない結論しか出せなかったのでしょう。

「風当たりの強さを知った」

阿比留　植村氏は会見で自分の家族や友人に被害が及ぶことについて訴えていました。それには同情しますし、脅迫は決して許されることではない。しかしそのことと事実関係の解明は分けなければならない。

どうもその辺りを一緒にして、植村氏について何か言うと悪人、歴史修正主義者だ、というような構図にしようとしているフシがある。

花田　記者会見でも冒頭に仏紙テロ、朝日新聞阪神支局銃撃事件について触れ、いかにも彼らと同等の被害者であるかのような言いぶりでした。

阿比留　植村氏は「なぜ今まで何の反応もしなかったのか」と聞かれて、「昨年三月に会社を辞めて、風当たりの強さを知った」と答えています。朝日の中にいるとそんなにぬくぬくとしていられるのでしょうか。

西岡　私はもう二〇年以上も「論争しましょう」と言っているのです。論争で私が負ければ植村氏の名誉は回復するし、私の名誉は失墜する。それが言論です。

植村氏はこれまで二〇年以上、私の疑問に全く答えずに来て、ここへ来てやっと

『文藝春秋』に手記を出した。私は「これで論戦ができる」と喜んだのですよ。だからこそ、私も『正論』に再反論を書いた。ところが植村氏はそれにも答えず、今度は名誉棄損で裁判に訴えるという。論戦の勝敗を裁判官に決めてもらうつもりでしょうか。

櫻井　言論に対しては言論で応じるべきです。植村氏のような言論人が、言論人をいきなり訴えるということは、むしろ言論の自由を阻害することになりませんか。

西岡　私は言論の自由のために戦いますが、植村氏は「次々に訴えます」と言っています。まず私に対する裁判の結果が出て、自説が正しいと判断されてから他の人を訴えるなら、まだわかりますが、結果も出ないうちに次々と、というのは全く理解に苦しみます。

悪質な印象操作

櫻井　次に一九九二年一月一一日に朝日新聞が報じた「慰安所　軍関与示す資料『民間任せ』政府見解揺らぐ」の記事に対する検証です。

時の総理・宮沢喜一総理が訪韓する直前に報じられたもので、記事には囲みの用語解説で〈朝鮮人女性を挺身（ていしん）隊の名で強制連行した。その人数は八万とも二十万ともいわれる〉と書いた。

この資料は中央大学の吉見義明教授が防衛研究所の図書館で発見したものですが、実際には悪徳業者の取り締りのために軍が関与したことを示す「通牒」でした。

これが一九九二年一月一一日に一面トップで掲載され、一三日には加藤紘一官房長官が「官房長官談話」を発表し、謝罪。そして一六日に宮沢総理が訪韓すると、なんと八回も謝罪するに至りました。

西岡　これまで朝日新聞は吉田証言で強制連行の「加害者」を、そして植村氏の記事で「被害者」を報じた。そして「軍関与」報道と共に「挺身隊の名で強制連行」と書いたのですから、全体を通じてあたかも軍が女子挺身隊として強制連行したことに「軍が関与」した事を証明する公文書が見つかったかのように思わせることになった。

櫻井　このことについて第三者委員会はどうまとめたか。

〈「（前略）宮沢首相訪韓直前のタイミングをねらって記事にした」という実態があったか否かは、もはや確認できない。

しかし、この記事の前文には「政府として新たな対応を迫られるとともに、首相の一六日からの訪韓でも深刻な課題を背負わされたことになる」と記載があり、社会面にも「日本政府に補償を求めた朝鮮人元従軍慰安婦らの訴訟の行方にも影響を与えそうだ」と取り上げているほか、同日夕刊にも別の資料を掲載してたたみかけるように報道している。

したがって、朝日新聞が報道するタイミングを調整したかどうかはともかく、首相訪韓の時期を意識し、慰安婦問題が政治課題となるよう企図して記事としたことは明らかである〉

阿比留　「たたみかけるように報じた」とありますが、問題は「軍関与」の記事だけではありません。この時に掲載された「従軍慰安婦」という用語解説の囲み記事は、たった二〇行くらいの文章中に三つも四つも間違いがあるひどい記事で〈主として朝鮮人女性を挺身隊の名で強制連行した。その人数は八万とも二十万ともいわれる〉と書いた。

これは「軍関与」の記事とセットで、「合わせて一本」での記事の影響を考えなければなりません。「軍関与」の横に、国家総動員法の制度である「挺身隊」と事実に基づかない解説を加えたのは、悪質な印象操作としか思えない。

社説で「狭義の強制」があったと断定

西岡　当日の紙面には、吉見教授のコメントも掲載されています。

〈元慰安婦が証言をしている現段階で「関与」を否定するのは、恥ずべきだろう。日韓協定で、補償の請求権はなくなったというが、国家対国家の補償と個人対国家の補償は違う。慰安婦に対しては、謝罪はもとより補償をすべきだと思う〉

「元慰安婦が証言をしている現段階で」とあるのは、まさに金学順さんの証言を指しています。「個人対国家の補償」ということは、当然、強制連行の責任が国にあると吉見教授は言っているわけです。

じっくり読めば、この「軍関与」の公文書が二重の意味で「朝鮮人慰安婦の強制連行」とは関係ないことが分かるはずです。通牒に書かれている場所は内地で、朝鮮ではない。しかも内容は「内地の業者が軍の名前を騙って慰安婦の誘拐などをやっている。軍の威信にかかわるので取り調べなければならない」と書いてある。

しかし吉見教授はなぜか発見された文書を金学順さんの証言と結び付けて、「補償すべきだ」と言っている。全体として見れば、これも大きな「捏造」ですよ。

阿比留　秦郁彦さんから聞いたところによると、この記事が出る前年の年末頃、偶然吉見さんと行きあったそうです。そして吉見さんから「近く朝日から面白い記事が出ますよ」と言われたが、記事が出るまでにずいぶん時間があったので、政治的意図があって訪韓時期にこの記事をぶつけたとしか思えない、と秦さんは指摘しています。

櫻井　この「軍関与」記事について、最近出版された『朝日新聞　日本型組織の崩壊』（文春新書）のなかで「この記事を書いたのは私です」と辰濃哲郎元記者が名乗り出ています。第三者委員会の報告にも彼は実名で登場し、「年末に吉見氏から連絡を受けたが、現物確認のために年明け後、防衛庁図書館が開館してから作業を進めたまでで、訪韓時期を意識してはいない」と述べていますね。

阿比留　しかし当時の政府文書を読むと、「朝日の記事を受けて政府内はハチの巣をつついたように大騒ぎになった」という証言が残っています。混乱の中で、事実確認もないままに加藤官房長官、宮沢総理が謝ってしまった。

西岡　今回の第三者委員会は問題にしていませんが、「軍関与」報道の翌日、朝日は「歴史から目をそむけまい」と題する社説でもこの件を取り上げています。

〈「挺身隊」の名で勧誘または強制連行され、中国からアジア、太平洋の各地で兵士などの相手をさせられたといわれる朝鮮人慰安婦について、政府はこれまで「民間業者が連れ歩いたようだ」などと、軍や政府の関与を否定する姿勢をとってきた。しかし、この種の施設が日本軍の施策の下に設置されていたことはいわば周知のことであり、今回の資料もその意味では驚くに値しない〉

第三者委員会は「狭義の強制から広義の強制に移ったのは議論のすり替えだ」と言っていますが、朝日はまさにこの社説で「狭義の強制」があったと断定し日本を糾弾したのです。そのことをなぜ第三者委員会は指摘しないのか。

慰安婦像が少女である理由

阿比留　二〇一四年六月に元慰安婦たちが暮らす「ナヌムの家」と、隣接する慰安婦記念館に行きましたが、そこにはこの朝日の記事のコピーが貼ってありました。これが「軍が組織的に強制連行をした証拠」だと思って貼っているのでしょう。

西岡　事実、この記事から、さらに問題は大きくなりました。「軍関与」記事の後、朝日と提携している東亜日報が、一月一五日に社説を書いています。聯合通信が「韓国で一二歳の少女が勤労挺身隊として動員されていた」という事実を報じたことを受けたものです。

実際にはこれはある意味美談で、勤労動員に出ていた当時一二歳の少女の担任の先生だった方が、送り出した子が無事に帰って来たかどうか心配しており、韓国へ探しに出かけたらみな無事だった、という話なのです。

ところが挺身隊＝慰安婦と思い込んでいた韓国世論は「小学生までが慰安婦にされたのか！」と衝撃を受けた。東亜日報は怒りそのままに「天と人が怒る日帝の蛮行だった」「小学生までが性の慰みものにされた。このような非人道的なことが許されるのか」と書いたのです。

産経新聞の黒田勝弘さんが当時リアルタイムで「韓国の中に一二歳の慰安婦がいたという誤解が広まっている」と誤解を明確に指摘していたことを覚えています。

一方、朝日は提携紙である東亜日報がひどい誤報をしたのを是正しなかった。それによって「少女にまで手をかけた」という少女慰安婦のイメージが出来上がってしまったのです。慰安婦像があどけない少女なのは、この時の強烈な印象が今も残っているからです。

そして今も朝日新聞は、こうした誤解が自分たちの記事によって広まったということや、韓国人の怒りを拡大させたという事実に全く触れません。

阿比留　訪朝前にこのような記事が出れば「韓国さん、怒ってください」と言っているようなものですよ。

荒唐無稽な証言の訂正に三〇年以上

櫻井　この記事を担当した辰濃記者は、『朝日新聞』の中で「その時に修正しておけばよかった」としています。しかしもう二〇年以上もたってしまった。あまりに遅すぎました。

西岡　新聞記事に「政治的立場」や「角度」があること自体は責められませんが、朝日の紙面はそれらをはるかに超えています。嘘の記事を書き、大きな政治課題として燃え上がることを期待して、火をつけた。その意図通り、韓国世論は燃え上がり、日韓関係は悪化した。絶対に許されることではありません。

櫻井　これらの嘘が二〇年たった今も尾を引いていて、今度は中国でも「朝鮮半島と同じくらいの数の慰安婦がいた」と言い出している。新たな問題を再生産している。

西岡　九一年から論争が始まり、九七年には決着がついていたにもかかわらず、朝日新聞は「広義の強制」に逃げ、今は「女性の人権の問題」と論点を逸らし続けている。そして吉田清治の荒唐無稽な証言すら、訂正までに三〇年以上かかってしまった。この間、誤解が広まり続けた。

櫻井　韓国、中国だけでなく、国際社会にも大きな影響を及ぼしています。この点について、第三者委員会はどのように検討したか。冒頭でも触れたように、委員会としての報告書をまとめることができなかったのか、委員が個人名で報告しています。

〈日本軍が、直接、集団的、暴力的、計画的に多くの女性を拉致し、暴行を加え、強制的に従軍慰安婦にした、というイメージが相当に定着している。

このイメージの定着に、吉田証言が大きな役割を果たしたとは言えないだろうし、朝日新聞がこうしたイメージの形成に大きな影響を及ぼした証拠も決定的ではない。

しかし、韓国における慰安婦問題に対する過激な言説を、朝日新聞その他の日本メディアはいわばエンドース（裏書き）してきた。その中で指導的な位置にあったのが朝日新聞である。それは、韓国における過激な慰安婦問題批判に弾みをつけ、さらに過激化させた〉（岡本・北岡両委員）

波多野委員は、要約すると「吉田証言が韓国メディアに影響を及ぼしたとは言えない。ただし軍関与の記事は韓国世論を『謝罪と賠償』に向かわせるのに効果を発揮した。朝日新聞も賠償を促す紙面を展開した」。

林委員は海外での報道で朝日新聞の引用や吉田証言の引用がほとんどないことに触れたうえでこう述べています。

〈吉田証言は、日本のイメージに悪影響を与えてはいないという意見がほとんどであった。他方で、慰安婦問題は、日本のイメージに一定の悪影響を及ぼしているとする意見もほとんどの識者が述べるところであった。しかし、その際、日本で言われているような、「慰安婦の強制連行」のイメージが傷になるというのではなく、日本の保守政治家や右派活動家たちがこの「強制性」の中身にこだわり続け、河野談話に疑義を呈したり、形骸化しようとしたりする行動をとることのほうが、日本のイメージ低下につながっているという認識でほぼ一致していた〉

驚いたのは、林委員が朝日新聞の責任よりも安倍総理など保守派の政治家の言動こそが事態を悪化させていると分析していることです。これらの報告についてはいかがですか。

狭義や広義は朝日が流行らせた言葉

西岡　「ヨシダ」という名の引用件数だけを調べれば林委員のような結果になります。しかし、「ヨシダ」という名が入っていなくても「日本軍人の証言」などとして奴隷狩りを報じた米国紙は多かった。

朝日の書いた記事と連動して、韓国紙も国民の怒りを煽るような記事を書いた。そして先ほどの「軍関与」の記事のように、実際の政治に影響を与えて、日本の首相が慰安婦問題で「謝った」という事実そのものが国際社会に広まっている。これは朝日の記事の影響以外の何物でもない。

しかもそれは、朝日新聞が当時主張していた「狭義の強制」があったかと錯覚してうろたえた末に謝罪したものであり、国際的に報道もされています。国連のクマラスワミ報告にも「狭義の強制」が盛り込まれている。これを「国際社会への影響」というのではないですか。

阿比留　第一次安倍政権の時に、こんなことがありました。安倍総理があえて朝日的な用語を使って「広義の強制はともかく、狭義の強制はなかった」という主旨を述べたのです。すると塩崎（恭久）官房長官の記者会見で朝日の記者が憤然と立ち上がり

「狭義だの広義だの言っていて、意味が解らない！」と言い放ったんですね。朝日新聞が流行らせた言葉じゃないかと呆れました。

彼らはアプリオリに自分たちが常に正しいと勘違いしていて、問題やその影響に対する認識の程度が低いのです。

西岡　もし九二年の段階で、秦先生や私が「狭義の強制はない」と言っていなかったらどうなったか。いまだに日本が組織的に女性を強制的に連行していたということになっていたでしょう。

九三年の『朝まで生テレビ！』で討論した時には、ＶＴＲで吉田清治氏のコメントまで流した。それでも視聴者は私の事実に基づく反論などを見て、アンケートで「狭義の強制連行はない」と判断してくれたにもかかわらず、司会をしていた女性キャスターが「こんな世論でいいのでしょうか」などと涙まで流して見せた。

もともと性に関する問題ですから、男性が発言するのは負担ですし、糾弾する側はそれだけで正義に見えていた時代です。当時は本当に大変で、多くの人が集団催眠にかかったように「吉田清治の言うとおり、日本は金学順さんのような女性を大勢連れ去っていたんだ」と思い込んでいた。

「朝日が韓国側を激化させた」

阿比留　岡本委員と北岡委員が指摘しているとおり「朝日が韓国側を激化させた」のは火を見るより明らかでしょう。林委員は膨大な資料を分析して「朝日への言及がなかった」と言っていますが、「朝日が報じた」などと言及せずに日本に関する報道を海外メディアが行うことはいくらでもあります。多くの新聞記事を調べるなど労作ではあるのかも知れませんが、社会への影響を見るうえでは、このような調査はほとんど意味がない。

櫻井　林委員は記事を定量化して判断していますが、機械的と言ってもよいこの種の手法がかえって実態を見えなくさせることもありますね。

阿比留　たとえばクマラスワミ報告には「吉田証言は少ししか出てこない」というのですが、吉田証言を孫引きしたヒックスの本を参照したものはあるのです。これは吉田証言の直接引用数を調べても数に入りませんが、「朝日が報じた吉田証言の影響」が及んだものであることは確かです。

花田　林委員はこう書いています。

〈Hicks のこの書は、慰安婦に関する英文文献がほとんどなかった90年代、欧米の記者たちが参照していた可能性が高い。ここから、慰安婦の「強制連行」のイメージが欧米の記者たちの間に定着した可能性もあるだろう。しかし、引用されていた記事の数は限定的だった〉

どうも苦し紛れのようにしか読めませんね。

西岡　我々も独立検証委員会で調査中ですが、「吉田」という言葉では引っ掛からなくても「元軍人」という言い方で引用されている海外の新聞記事は多い。引用だけを定量化して調査し、実際の影響を見落として「朝日の影響はない」とするのは、実態を正しく表していません。

もう負けが決まっているという外務省

櫻井　一つ私がどうしても指摘しておきたいのは波多野委員の記述です。○七年、アメリカ下院で慰安婦非難決議が出された時のことに触れています。

〈当初、共同提案議員がさほど伸びなかったのは一部共和党議員の反論や加藤良三駐米大使の抗議書簡が奏功したとされる。しかし、4月以降、賛同議員を急増させた最大の要因は、本委員会によるインタビューに応じた複数の米国人有識者が指摘するように、「日本の前途と歴史教育を考える議員の会」（「議員の会」）を中心とした44名の国会議員と有識者が、ワシントン・ポスト紙（2007年6月14日付）に掲載した意見広告「THE FACTS（真実）」であった。（中略）

意見広告「真実」は、日本軍によって強制的に従軍慰安婦にされたことを示す文書は見つかっていない、慰安婦はセックス・スレーブではなかった、などと訴えるものであった。米下院外交委員会ラントス委員長は「慰安婦制度のなかで生き残った人々を中傷するもの」と批判したように、この意見広告は米社会のなかでは逆効果であった〉

私も共同提案者の代表になりましたが、これは作曲家のすぎやまこういちさんが多額の私費を投じて実施したものです。これが「逆効果だった」とされるのは非常に心外ですが、この見解は外務省のそれと全く同じです。

あの時外務省は国際社会から非難されても「河野談話で謝罪しました」と言って首をすくめるだけでした。そうしていればいつか嵐は過ぎ去ると考えたのでしょう。しかし今になってみれば、きちんと反論することもなく、きちんと事実を示し続けることもしなかった結果、「二〇万人強制連行」「性奴隷」どころか「天皇から贈られた慰みもの」とまで言われる事態に陥ってしまいました。

阿比留　この頃、外務省の比較的まともな人たちに話を聞きましたが、口をそろえて「この問題はもう負けが決まっている。下手に戦わないほうがいい」と言っていました。その結果、国際社会に誤解が広がってしまったのです。

朝日には反省がない

櫻井　「国際的にも、韓国に対しても、自分の記事は影響がなかった」と植村氏も言っている。自らの記事について「韓国メディアに訳されていないからほとんどインパクトはなかった」と弁明していますね。

西岡　彼の記事が直接転載されたわけではなくとも、「狭義の強制」という言説を広めるうえで一つの論拠になったことは間違いない。それが崩れてきたために「広義の強制」にすり替えたことは、第三者委員会でさえ指摘しているところです。責任は大いにあるでしょう。あまりに無責任な態度ではありませんか。

阿比留　私も『朝日新聞　日本型組織の崩壊』や、『W i L L』二〇一五年一月、二月号の櫻井さんと元朝日新聞編集委員の山田厚史さんとの対談を読みました。植村氏もそうですが、朝日の方々は本当に誰も反省しない。「自分が悪かった」「自分の責任だ」との思考が欠落しているのではないかと思うほどです。

櫻井　その無責任体質が分かる興味深い話があります。そもそもなぜ朝日新聞が二〇一四年八月に検証記事を出したかについて、第三者委員会はこう書いています。

〈政府による河野談話の見直しが実際に行われることになった場合には、改めて朝日新聞の過去の報道姿勢も問われることになるとの危機感が高まり、慰安婦問題についての本格的な検証を行わざるを得ないとの考えが経営幹部を含む社内において強まってきた。

また、他の報道機関も朝日新聞の慰安婦問題に対する報道姿勢などに批判を集中し、読者の中にもこれについて不信感を抱く者が増加して、お客様オフィスレポートでも慰安婦報道に対するネガティブな意見が広がり、これが販売部数や広告にも影響を見せ始めてきたことから、販売や広報の立場からも放置できないという意見が高まってきていた〉

一方、『朝日新聞　日本型組織の崩壊』にはこう書いてあるのです。

〈ここで重要なのは、今回の取材班の当初の目的は、吉田証言の信憑性について結論を出すことではなかった。あくまで従軍慰安婦の「強制性」を検証し、「これまでの朝日の報道が間違っていなかった」ことを証明するためのチームだったことだ〉〈(前略)むしろ「攻め」の姿勢で安倍政権の朝日包囲網に立ち向かおうとしたのである。

ところが実際に検証作業を進めてみると、やはり「吉田証言」がネックとなった〉

つまり、そもそもが自分の誤りを認めるのではなく、安倍政権をギャフンと言わせてやろうという動機から始まっているから、もとより自分たちが悪いなどとはこれっぽっちも思っていない。自己弁護できるだろうと始めた検証で、吉田証言の虚偽は厭々ながらも認めざるを得なくなったというだけで、全体としては今も朝日は「自分たちは間違っていない」と考えているのですね。

これで幕引きにはできない

花田　だから木村伊量前社長は、あの八月の検証を出した後も〈「慰安婦問題を世界に広げた諸悪の根源は朝日新聞」といった誤った情報をまき散らし、反朝日キャンペーンを繰り広げる勢力に断じて屈するわけにはいきません〉などと社員にハッパをかけていたんですね。

櫻井　八月の検証を読んだ時に「なぜ朝日は一言も謝らないのか」と思いましたが、その理由がこれでよくわかりました。謝るはずがありません。

西岡　どの業界の企業であっても、社が不良品を出せば謝罪するのが当然です。そして再発防止のためにはまず責任者を明らかにして、相応の処分をする。朝日新聞だって、企業の不祥事を記事にするときは「責任者は誰だ」「説明責任を果たせ」と書いているではないですか。

朝日新聞は記事についてはやっと訂正リストを出しましたが、誰の記事なのか、当時の紙面の責任者は誰だったのか、明らかにしていません。これでは責任を果たしたとは言えない。本来なら遡って担当者を洗い出し、相応の処分をすべき事案だったと発表すべきです。

櫻井　第三者委員会の報告を朝日は免罪符にするでしょう。しかし、これをもって幕引きというわけには到底いきませんね。今後もさらに検証していきましょう。

（二〇一五年一月三〇日放送）

あとがき

花田紀凱

植村隆元記者のどこが気に喰わないか。

それはジャーナリストとしての誠実さがかけらも見られないからである。

植村元記者は自らの〝被害〟は必要以上に言い募る。

『週刊文春』に〝捏造記者〟と書かれ、転職内定先の神戸松蔭女子学院大学にも嫌がらせの電話、メールが殺到、やめざるを得なかった。北星学園大学に講師をやめさせろと電話がかかってくる。娘の顔写真までネット上に公開されて娘は恐怖を感じている……。

本文でも触れたが西岡力氏を提訴したと外国特派員協会で記者会見した時なんか、まずシャルリー・エブドのテロ事件と、朝日新聞阪神支局員を射殺した赤報隊事件に言及。

「パリの新聞社の襲撃で、多数の記者たちが亡くなったことに本当にショックを受けています。一九八七年五月に、私と同期の朝日新聞小尻知博記者が襲撃されて殺された事件がありました。改めてそのことを思い出して、衝撃をもって受け止めています。同じジャーナリストとして、こうした暴力には絶対に屈してはいけないと思いました」

まるで自らも言論テロの被害者と言わんばかりではないか。

しかし『週刊文春』、その後の『週刊新潮』などの取材は植村元記者は、すべて拒否してきた。

『文春』によると、脱兎のごとく逃げだしたとある。植村元記者に批判的なメディアはいくら申し込んでも応じなかった。

そうしておいて、「ニューヨーク・タイムズ」など自分に都合のいい外紙のインタビューには応じ、『文藝春秋』には自ら手記を持ち込んだ。そして西岡力氏と『週刊文春』を提訴し、外国特派員協会で会見。

すべては計算ずくなのである。

その『文藝春秋』の手記なるもの、これまで西岡力氏などが指摘してきた数々の疑問に正面から答えようとせず、『週刊文春』の記事が「私の生存権を脅かすことになった」「私の人生を大きく狂わせた」と強調し、五ページにもわたって、自分がいかにバッシングされ、家族にまで被害が及んだかを書きつらねている。

たしかに大学への脅迫や、家族への嫌がらせはよくない。決してあってはならないことだ。

しかし、その責任の一端は植村元記者にもある。

もし、『文藝春秋』の手記で言いわけしているように、自らの「従軍慰安婦」報道に一点の問題もないのなら、どんなメディアの取材にも応じ、堂々と持論を展開すればいいではないか。

そして、もし自らの報道に誤りや、足りない点があったら、訂正するなり、詫びるなりすればいいではないか。

ジャーナリズムに誤報はつきものである。

ぼく自身だって数々の間違いを犯してきた。

その場合にはお詫びして訂正するしかないではないか。植村元記者はジャーナリストとして、そういう当然の手続きを踏まず、逃げ回って来たから、周囲のフラストレーションがたまったのである。

植村元記者は「捏造」と言われたのがよほどお気に召さないらしいから、ここでは捏造とは言わない。「歪曲」、これもお気に召さないかもしれないから「誤報」、少なくとも植村元記者は「誤報」を冒したのである。

その点は朝日新聞自体も二〇一四年八月五、六日以来続いた検証記事で認め、第三者委員会も認めている。

植村元記者の「誤報」で木村伊量社長は退任、編集幹部も責任を取って辞任した。植村元記者の「誤報」で、日本は今や世界から「性奴隷国家」といういわれなき批難まで浴びている。

そのことに関して、植村元記者は、微塵も責任を感じていないらしい。一度たりとも、植村元記者から「済まなかった」「申し訳なかった」という言葉を聞いたことがない。

植村元記者の口をついて出るのは、被害者としての言葉ばかりである。

そこが、ぼくはジャーナリストとして不誠実だと言うのである。

これは植村元記者ばかりではない。

現在ただ今、朝日新聞で仕事をしている記者たちのなかから、なぜ植村元記者らの「従軍慰安婦」報道について、これまで疑問の声が上がらなかったのか。

雑誌編集者としての素朴な疑問から、二〇一四年、朝日新聞の現役、OB記者百人ほどにアンケートを送った。

〈91年8月11日、朝日新聞の植村隆記者が従軍慰安婦について報じました。吉田清治氏の「済州島で慰安婦狩りをした」との証言をもとに「女子挺身隊」と「慰安婦」を混同して報じたのが慰安婦報道の始まりです。しかしその後吉田清治氏も創作であったと認め、歴史家の秦郁彦氏の現地調査や、韓国の新聞社による調査でも、吉田清治証言が誤りであったことは明らかになっています。ところが朝日新聞ではいまだに訂正はなく、植村氏自身も何らの回答も示していません。このことについてどのようにお考えになりますか〉

一〇問ほどの質問をし、返信用封筒を同封して送った。

ところが、戻ってきたのは断りの一通を含めたった三通だけ。

〈報道した事実に誤りがあれば、速やかに訂正するのが報道機関の責務です。ただ、ここに書かれていることが事実かどうか検証する材料も時間もないので、

個々の質問についての回答はできません〉
〈ご指摘の問題につき、朝日の現役、ＯＢの「感想」を集めた記事を掲載すること
が、どのような大きな意味を持ちうるのか、大変不勉強のため理解できませんので、
大変申し訳ありませんが、お力になれません。どうかご了承ください〉
「従軍慰安婦」について議論はいろいろあっていい。朝日的な考え方もあろうし、ぼ
くらが考えているような見方もあろう。
しかし問題はファクトであり、そのファクトを詰めていくのが、ジャーナリストの
仕事だろう。
植村元記者はじめ、朝日のＯＢ、現役記者たちはそこから逃げている。
そこが、ぼくにはどうしても不誠実としか思えないのである。
植村元記者は、西岡力氏に続いて櫻井よしこさんと『週刊新潮』『週刊ダイヤモン
ド』、そして『Ｗ・ｉ・Ｌ・Ｌ』を訴えてきた。
一七〇人という大弁護団を代表して神原元弁護士は外国特派員協会で、こう語っ
た。
「植村さんを攻撃している歴史修正主義者は他にもたくさんおります。私たち弁護士

はこれからも次々と裁判を起こし——」

歴史は新しい事実や証言が出れば修正するのが当たり前で、歴史修正主義というレッテル貼りはおかしいと思うが、ここではおく。

歴史修正主義者だから、植村批判をしているわけではない。植村元記者の書いた記事がおかしいから批判してきたのだ。

言論には言論で戦うのが筋だろう。

「あとがき」を書くつもりが、ゲラを読んでいたら、つい興奮してしまった。御容赦！


編集長というのは接客業、人に会うのが商売である。人の話を聞いて感動したり、目を洗われたりしたら、それを誌面を通して読者に伝える。

こんないい商売はない。インタビューは大好きである。

これまで、何万人の人の話を聞いてきたが、聞かなければよかった、と思ったことは一度もない。何かしら得るところがあった。

櫻井さんに言われて始まった言論テレビのインタビュー番組「右向け右」。雑誌ならそれなりに見当がつくが、テレビは素人、どうなることか、櫻井さんの足を引っ張ってはいけないと不安だったが、ぼく自身が聞いていておもしろい話ばかりだった。

この本に登場いただいた方々は、皆、その道の専門家、知識、見識に富む方ばかりで、「右向け右」の限られた時間ではもったいないくらいだ。番組が終わってもまだまだ聞きたいことが多かった。

この番組、この本を入り口にして、登場いただいた西尾幹二さん、潮匡人さん、古谷経衡さん、門田隆将さん、西岡力さん、阿比留瑠比さん、それに櫻井よしこさんたちの書かれた本を、ぜひ読んでいただきたい。『Ｗｉ Ｌ Ｌ』もね。

そして、日本のジャーナリズムに足りないもの、日本のジャーナリズムの偏向ぶりを十分理解していただきたい。

日本が普通の国になるために。

平成二七年二月二二日

本書は、櫻井よしこキャスターの番組『櫻ＬＩＶＥ　君の一歩が朝《あした》を変える！』、花田紀凱キャスターの番組『花田編集長の右向け右！　ＷｉＬＬ場外論戦』（ともに製作／言論テレビ）で放送された対談をもとに再構成、大幅に加筆したものです。

言論テレビ
『君の一歩が朝《あした》を変える！』http://www.genron.tv/ch/sakura-live/
『花田編集長の右向け右！』http://www.genron.tv/ch/hanada/

櫻井よしこ（ジャーナリスト）

ベトナム生まれ。ハワイ州立大学歴史学部卒業。「クリスチャン・サイエンス・モニター」紙東京支局員、アジア新聞財団「ＤＥＰＴＨ ＮＥＷＳ」記者、同東京支局長、日本テレビ・ニュースキャスターを経て、フリー・ジャーナリスト。1995年に『エイズ犯罪　血友病患者の悲劇』（中央公論）で第26回大宅壮一ノンフィクション賞、1998年に『日本の危機』（新潮文庫）などで第46回菊池寛賞を受賞。2011年、日本再生へ向けた精力的な言論活動が高く評価され、第26回正論大賞受賞。

2007年「国家基本問題研究所」を設立し理事長、2011年、民間憲法臨調代表に就任。2012年、インターネット動画番組サイト「言論テレビ」を立ち上げ、キャスターを務める。

著書に、『論戦』シリーズ（ダイヤモンド社）、『何があっても大丈夫』『日本の決断』（新潮社）、『迷わない。』（文春新書）、『宰相の資格』『日本の勝機』（産経新聞出版）など多数。

花田紀凱（『WiLL』編集長）

1942年、東京生まれ。66年、文藝春秋入社。88年、『週刊文春』編集長に就任。６年間の在任中、数々のスクープをものし、部数を51万部から76万部に伸ばして総合週刊誌のトップに。94年、『マルコポーロ』編集長に就任。低迷していた同誌部数を５倍に伸ばしたが、95年、「ナチガス室はなかった」の記事が問題となり辞任、１年後に退社。以後『uno！』『メンズウォーカー』『編集会議』などの編集長を歴任。2004年11月より『WiLL』編集長。テレビやラジオのコメンテーターとしても活躍。産経新聞コラム「週刊誌ウォッチング」、夕刊フジコラム「天下の暴論」はファンも多い。著書に『編集者！』(WAC)、『花田式噂の収集術』（KKベストセラーズ)、『花田編集長！質問です。—出版という仕事で生きる』（ユーリード出版）など。

好きなものは猫とコスモス。

「正義」の嘘　戦後日本の真実はなぜ歪められたか

平成27年3月23日　第1刷発行

著　　者　櫻井よしこ　花田紀凱
発 行 者　皆川豪志
発 行 所　株式会社産経新聞出版
〒100-8077 東京都千代田区大手町1-7-2
産経新聞社8階
電話　03-3242-9930　FAX　03-3243-0573
発　　売　日本工業新聞社　電話　03-3243-0571（書籍営業）
印刷・製本　共同印刷株式会社

ISBN 978-4-8191-1259-8　C0095

産経新聞出版の好評既刊

歴史戦

朝日新聞が世界にまいた
「慰安婦」の嘘を討つ

産経新聞社

朝日新聞、中国・韓国と日本はどう戦うか。河野談話「日韓合作」をスクープし、朝日の誤報と「慰安婦」報道を徹底批判してきた産経新聞。いまや世界に拡がった「日本＝性奴隷の国」の現状とその嘘の構造を解き明かす。慰安婦問題の全てがわかる！
永久保存版。

新書判・並製◇定価〈本体920円＋税〉